U0038943

上課「十五分鐘」文學

石德華、吳秀娟◎編撰

『閱讀與理解』實力實例大放送

【現代文學篇】

目錄

實力篇

實例篇

答案篇

理想為眉，現實為睫
——序一

◎宋裕

一、兼顧理想與現實的文學鑑賞手冊

大學入學試題革新的第二年，各式各樣國文參考書籍如江海排壑洶湧問世，《上課十五分鐘文學．現代文學篇》這本書，無異一彎水路曲致卻自在的溪流，反倒別具清靈，一新耳目。

這本書最醒目突出之處，當然在於它的理想色彩。

擺脫A、B、C、D選項，跳開選詞、重組形式，將現代文學澈底還原，以「非參考書，非測驗卷」之姿，邀請師生情緻閱讀，深度理解。編者的序文已表白得十分清楚：「『文學』是一種莫測的人，……，你必須賞的細，才讀得通；讀得通，才能解其妙，才能看見那些輕易疏忽便絕對看不見的。」

而簡答方式的設計，可以讓心浮氣躁，從小被圖像、跳躍性思考、隨興式語言餵養長大的新世代，有機會重新被帶領著培養耐心、磨洗粗疏，拿起筆來，將意念組織，感受一個字一個字由手底綻放的滋味，這其實也是語文基礎教學的一種還原。

甚至這本書並不以單一文類成書，而將詩、散文、小說穿插呈現，也看得出它在刻意打破機械式重複練習的僵化操作，令人油然記憶起，那現代文學仍是文學而非試題的年代，文學的多樣多姿才正是令人心動目眩的因素。意圖使人用最自然而然的方式親近且親愛文學，也是這本書所敷鋪的另一理想色彩。

然而，十分弔詭的是，這本書卻仍然切中現實的需求，在空間無限的新式考題題型裡，在在都有仰仗的痕跡。現代文學的新式考題，目前多在選詞及重組兩種題型間循環往還，簡答題形式尚未出現，然而中國大陸與香港的大學入學考試，簡答式題型早已行之經年，他山之石，常可用來攻錯，這本書，應該是下一步現實之所需。無論如何，在多變求新的環境下，深深紮根，富厚實力，最為不驚不變，便也最能迎應各種變化而隨勢翻轉，自在自如。

二、選文、問題、答案都看見散文的純美質地

《上課十五分鐘文學．現代文學篇》不僅選文精緻，而且除卻三〇年代作家，以及少數無法聯絡得上的作家之外，每一篇讀後的問題及答案，都獲得作家的親自驗證，排除鑑賞文學作品時的主觀成分，而呈現相對客觀的精確無誤。

最可貴的是，本書提供一個正確的觀念——不僅科學處處要問「為什麼」，文學也不例外。讀後問題的設計，就是敦促學生，不再全然仰賴老師的賞析解說，而是在自己思索「為什麼」的過程中，學習細細品味一篇文章。書末所附的解答，不僅文筆優美暢達，更能收用答案

引領學生的效果。書中每一回的問題加答案，真無異於一堂完整且精扼的文學鑑賞課。

例如書中第五回，張曉風在〈我有〉這一篇散文中，敘述自己因遭遇委屈，感到不公、受愚而自怨自憐，其中一段文字為：

其實我們已經受愚多次了，而這麼多次，竟沒有能改變我們的心，我們仍然對人抱著孩子式的信任，仍然固執地期望著良善，仍然寧可被人負，而不負人，所以，我們仍然容易受傷。

我們的心敞開，為要迎一隻遠方的青鳥。可是撲進來的總是蝙蝠，而我們不肯關上它，我們仍然期待著青鳥。

問題一的設計，便指向意涵的了解：

「我們的心敞開，為要迎一隻遠方的青鳥。可是撲進來的總是蝙蝠，而我們不肯關上它，我們仍然期待著青鳥。」此一文句中「青鳥」及「蝙蝠」各自象徵什麼？

第十一回，林文義的唯美散文，簡直引領人進入到可以觸摸文學柔滑絲綢內裡的地步：

每年的七月節，我都去北島的河岸，看他們放一盞盞的水燈。就在夕陽緊靠海平線的頭額，獵戶星在尚呈幽藍的暮空閃亮起來的時候，河岸的兩旁已站滿了手持水燈的人們，他們有著無比虔誠的神色，依次將水燈放入靜靜的河裡，一個全身白袍的老人喃喃地唸著逐鬼驅邪的咒語，水燈在河湄怪異的打了幾個轉，就飄到河心；不久，整條河都盈滿著晶亮而神秘的燈盞，它們默默地閃亮著，孤淒的飄盪，瑩瑩的水波間似乎舞動著譎詐陰森的千手，彷如是眾多的亡魂啾啾的哀泣。

問題的設計與行文，同樣是別出心裁：

暮空可以是「寶藍」、「黛藍」、「深藍」，水燈的打轉可以是「輕巧」、「靈巧」、「輕靈」，但文中描摹水燈那一段用「幽藍」形容暮空，用「怪異」形容水燈的打轉，你認為作者的用意是什麼？

也許你得先知道，這篇散文的題目叫做〈水燈祭〉。

或許，因為編者之一石德華是國內散文好手，所以這本書，於選文、題目、答案都看得見散文的純美質地。

編者具教學第一線的實務經驗：

兩位編者——石德華、吳秀娟，都是校園名師，她們都深切了解國文教學的實際狀況。本書在編輯上分為「實力篇」及「實例篇」，兼顧理想及現實，最能貼熨教師的心。

「實力篇」以意涵旨意的理解貫串全篇，再就各選文特色設計題目，舉凡國中、高中學生所該認知的文學觀念如：情景交融、虛實之別、各種描摹、象徵手法、小說主線、無我有我、結構、呼應、聯想、詩與散文的差異……，一悉盡有，由淺至深循序漸進。

「實例篇」則廣搜兩岸各種大考試題、大考中心預試題、台灣各高中名校模擬考題，使學生及早熟悉考試形式。

「實力篇」加「實例篇」共三十一回，可分兩學期或三學期完成，這也充分見出，實務工作者的切身經驗。

這本書目前已在語文書籍市場受到矚目及肯定，許多教師將之當成語文作業或閱讀作業；這種現象或許意味著，語文教育的回歸本然，切實紮根。

告訴你，冬陽很舒服

——序二

◎石德華

套句學生的用詞，我是個上課會給些「有的沒的」的老師，校園經年，我也很知道，自己是個很堅持自己教學風格的老師。

然後，我「幸逢」教育改革頭一年，帶著學生一起加入非常敢死的，很容易成為炮灰的先鋒部隊。

其過程，讓我以風暴之後的平靜，簡單只以「慘烈」兩字微笑形容，總之是，二月學力測驗，我的兩個班級的平均級數，都在十二級之上；七月指定考科，全國國文分數均標45分，高標52分，我那男校裡的數理資優班，國文平均分數超過高標近七分，第一類組常態班，也超過高標2分左右。他們各以閃亮之姿脫穎而出，開開心心上大學前不忘對我說：

「老師，我們考這麼好，你很欣慰吧？」

人生總有些話是來不及言明的。我想告訴他們的是，我的確萬分欣慰開心，但不僅是在弟子們的人生大事上，我能助其一臂之力，更大的喜悅該是近七月的某一堂國文課，我正在解說文學裡的「情景交融」；數理資優班的考試壓力一向天低雲密，天馬行空的新式考題尤其令他們壓力空前；我說著說著突然靈機一閃問他們：「假如跳脫考試的因素，沒有考試的壓力，你們是否，真的比較瞭解文學的美妙有趣？你們是否，真的比較喜歡文學了？」

全班三十幾個人，大多數人竟然真的重重在點頭。

教師節來臨，學生捎來卡片，其中一封來自高師大的卡片寫著：「聯考是我此生國文分數的高峰，但我兩年國文課，最珍貴的學習是學會了閱讀。」

這些才是我莫大的欣慰及難言的開心。

而回首細數，不全是那些「有的沒的」奏的效、立的功？其中功臣榜第一名莫過於「閱讀與理解」的訓練。

「文學」，是一種莫測的人，你等閒打發或A、B、C、D了事，絕無法窺其奧祕。必須賞的細，才能讀得通；讀得通，才能解其妙，才能看見那些輕易、疏忽便絕對看不見的。「閱讀與理解」更是終生的本事，不只對文學，且對人性。

我於是將25年教學的私房經驗，以成書的方式具體呈現。更因由對實際教學的瞭解，以每次段考為一區隔，每週至少一次，讓學生親近不同文類的文學作品，而且是精緻的閱讀，用心的理解，用自然而然的方式在上課中進行，使師生都不至於感覺額外的負擔。

我也是個嚐冬天曬太陽舒服滋味便如獲珍寶的野人，我想，即便意見不高明卻也絕對真誠無欺呢！

與文學有約

——序三

◎吳秀娟

十五分鐘的文學之約，是逸出進度表外，小小的「出軌」，在理想和現實間游移時，幾雙發亮的眼睛，使我堅定下來。

那一年，為了從拋物線、三角函數「突圍」而出，讓一群被認定數理能力超越同儕的孩子，也能領受文學之美，我把一篇篇的文學作品帶進國文課，讓孩子透過閱讀，與文學貼近接觸，進而抒陳感受，也希望藉此提醒他們，培養真正的語文能力，勿因答題習慣，不自覺地切割知識，量化情意。如此不影響進度的作法，我播下閱讀的種子，他們也在大考時，令人振奮地以七十五分的班平均展現語文方面的實力，而我相信更大的收穫是：他們懂得閱讀之美。

語文能力必須蓄積，難以急就，目前大考側重能力鑑別，學子面對開放版本及茫茫題海，心慌不已。看到彼岸行之有年的語文卷，閱讀取向的考題，若非平日培養實力，養成閱讀習慣，絕無法勝任。「他山之石，可以攻錯」，閱讀能力的培養，就是最好的紮根工夫了。文學性濃的文字又是閱讀初約的美好選擇，實例篇的選文便依此想法汰選而來，這些考題的設計，涵蓋了解讀文學作品的重要線索及方法，循序練習，必能增進閱讀、鑑賞文學作品的能力。

實力篇

開著門的電話亭

◎方莘

一個孤獨少年說：
她的笑聲是一把閃亮閃亮的銀角子
灑得滿地叮噹叮噹作響
而我不是一座開著門的電話亭
唉，根本不是——
就連小小的小小的一枚企望
都不能投入

讀後

問一 現代詩的分行，降低格數，可以是隨性自由，但通常會是作者的獨特設計，且往往指涉文意。請你先確定這首小詩的意旨，再寫出第一行詩降低格數的原因。

答一

問二 詩，具有無窮的概括力，但如果我們設定這是一首關於戀情的小詩，那麼，這份戀情會是那一種形式？你是由詩中那些詩句意象得知？

A+		A		A-		B+		B		B-		C+		C		C-	

5

答二

問三 在孤獨少年眼中「她的笑聲是一把閃亮閃亮的銀角子／灑得滿地叮噹叮噹作響」，透過這樣的形象描繪，「她」究竟會是怎樣的女孩？

答三

A+		A		A-		B+		B		B-		C+		C		C-	

秋天綠溪行

◎吳敏顯

溪水流過青綠的平原，堤防也跟著蜿蜒前去。

溪流彎過去，堤跟著彎過去，溪流彎過來，堤也跟著彎過來，一路捉著迷藏似的彎來彎去。

孩子說，去看秋天。

我們分別騎著車子，在堤上奔馳。沒有孩童來放風箏，沒有牛隻放牧，整條堤蓄著滿腮鬍鬚。車子前駛，就像一把犁，輕巧的犁過長已及膝的青草，一路還發出沙沙的聲響。草叢裡，許多褐色的種子，順勢向兩邊飛濺，車子越快，噴得越高越遠。

草間多的是帶著種子的小花朵，有些路段白色的薑花在兩側成簇的開放，芳香瀰漫。平野裡，綠稻尖上，穗穗綴著淡黃穀粒，輕風翻著看，翻過來翻過去，彷彿一片黃綠盪漾的波光，一望無垠的向四方推展開去。

孩子們說是來看秋天。我實在看不出，這樣的秋天，和春天和初夏時節，有什麼分別。

遠處，有個農夫在綠茫茫的田裡噴灑農藥，使空氣中浮動著一股刺鼻的氣味，直到我們駛過很長一段距離才消失。

我們只聽見溪邊竹林裡傳出鳥叫，卻看不見一隻飛鳥，幾乎所有的天，所有的地，都供我們遨遊。

太陽是個極具耐性的垂釣者，溫和的照遍廣袤的平野。縵縵流雲在藍天中，也有了文采。孩子便依著它們變化的形態，分予命名。

我們追著秋天，只追到一道橋為止，好讓秋天保留一些祕密。棄車步行，繞過一畝菜圃，走到橋下去看溪流。

黛綠透明的水流，宛如精緻的水晶，宛如可口的果凍。在流過廢棄的舊橋墩時，特別激昂，水聲輕快悅耳。

有一個老人，擁有三枝釣竿，他把它們分置三個地方，釣餌、浮標在溪水裡，釣竿就地擱著，老人則坐在柳樹下抽煙。

秋天不是柳樹最美的季節，但栽植在溪流邊的柳樹總佔些便宜，它垂下多少柔枝，水面便回報以多少柔枝，掩映下，依舊婀娜多姿。

不知來自何處的一朵粉紅色芙蓉花，跟著水流在橋墩的稜角前轉了一個身，即匆匆流過，當我想伸手撈它，它已飄得好遠好遠。

孩子們看在我溼漉漉的手，問我抓什麼？
我竟然順口的回答：秋天！
他們都笑起來。

9

讀後

問一 「沒有孩童來放風箏，沒有牛隻放牧，整條堤蓄著滿腮鬍鬚」，這段寫景文字中的「整條堤蓄著滿腮鬍鬚」1.使用了修辭中的那一種手法？2.「鬍鬚」指的是什麼？

答一 1.

2.

問二 這篇散文恬淡清麗，文中有一處運用「化實為虛」的寫法，使文意微微宕開，又迴游扣住題旨，請你將此「化實為虛」之處，以抄錄原文或陳述大意的方式寫出來。

A+		A		A-		B+		B		B-		C+		C		C-	

答二

問三 「描摹」是寫作的基本功，請你由文中各摘錄一則你最喜歡的「視覺描摹」、「聽覺描摹」、「嗅覺描摹」。（請抄錄原文）

答三 視覺描摹：

聽覺描摹：

嗅覺描摹：

A+		A		A-		B+		B		B-		C+		C		C-	

3回 座位

◎石德華

第三七次莒光號，基隆到高雄。

週休二日的收假日，月臺杵滿乘客。列車一如飛劍，星流光拽，收鞘、再縱，劍光忽明乍滅，人上下推移，湧動如潮。

板橋。一對六旬左右夫妻，帶一名八十餘歲老婦人登車，走道壅塞，他們似涸轍之鮒。

一位年輕人起身讓座。

桃園。另一位年輕人上車，持票挨挨蹭蹭找座位，攻占到老婆婆座側，將座號再三比對，確定無誤：

「對不起，這是我的座位。」老婆婆起身。

中壢。突然出現一個空位，老婆婆坐定。

那位由新竹上車的女孩，身量不高，清純學生模樣，負著鼓鼓的背包，一手提大行李，另一手拎雜物袋，在人與物體不斷碰錯交撞間走近，滿車廂看不見的淤紫烏青。

女孩駐足老婆婆座旁，手上車票及座次標號間睇看往返，「42」；用眼光一筆一畫，往返再深描一遍；4、2，確定無誤。

她放下大小行李，肩次踵接的狹窄走道上，不作聲，站著。

六旬夫妻了然一切，用眼神交換一椿大千世界裡，只有你我知道的小秘密：「阿姆坐了人家的位子，佳哉人家攏沒講話。」

車過苗栗，兩個座位拔去栓塞似的呼吸，六旬夫婦一個箭步上前填充，坐下之前，回頭掠了女孩一眼。

比先前空闊許多的走道上，女孩仍站著，像風化的石頭，可以和時空拔河。

六旬夫婦闔眼睡去，老婆婆更早睡去。列車出鞘、疾馳，田野、山間。

從臺北就一直站著的中年人忍不住對女孩開口：

「你到那裡？」

「臺中。」

「你站了很久，我知道，你真善良。」

女孩一愕，瞬間明白，輕輕一笑。

「需不需要我幫你處理？」中年人領了領前方：

「那兩個人是她的兒子媳婦。」

「不必，不必，我快下車了！」女孩回答。

女孩在臺中下車，月臺上，和她的行李結構成一幢龐巨的背影。

六旬夫婦起身拿架上的行李，老婆婆醒來，起身上廁所，兒子隔岸喚住：

「你每遍都這樣，到時候來不及下車看你要怎麼？忍耐啦！每遍都演這齣戲。」

老婆婆怔在原地，一位剛由臺中上車的高中生壓低腰側身，由老婆婆和座位的間隙，一溜煙地滑進座位。

彰化到，憋尿的老婆婆、睏飽的六旬夫婦、一路站的中年人魚貫下車，推湧向車站外，拍岸的一記人潮塵浪裡，如浪沫之末，旋即無蹤。

所有座位，南下高雄，未完待續。

讀後

問一 這篇散文中，用每個人面對「座位」的不同心態，象徵著什麼？請稍加說明。

答一

問二 末句「所有座位，南下高雄，未完待續。」，意指什麼？

答二

A+		A		A-		B+		B		B+		C+		C		C-	

15

問二 文學中的「有我」指作者將自己的情感加諸外物身上；「無我」的說法則比較紛歧，此處若以作者是「一面透明的鏡子」，純粹敘述反映事物，不帶主觀情感為定義，那麼，這篇散文，大體而言，是以「無我」的方式做事件的客觀描述，但仍然小小流露出「有我」的主觀情感，請寫出文中的「有我」之處。

答二

A+		A		A-		B+		B		B-		C+		C		C-	

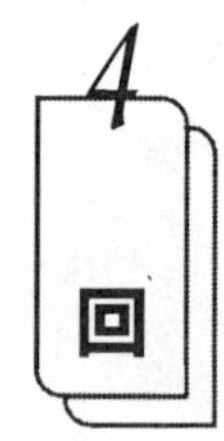

甲、海燕（節錄）

◎鄭振鐸

海水是皎潔無比的蔚藍色，海波是平穩得如清晨的西湖一樣，偶有微風，只吹起了絕細絕細的千萬個粼粼的小皺紋，這更使照矖於初夏之太陽光之下的、金光燦爛的水面顯得溫秀可喜。我沒有見過那麼美的海！天上也是皎潔無比的蔚藍色，只有幾片薄紗的輕雲，平貼於空中，就如一個女郎，穿了絕美的藍色夏衣，而頸間卻圍繞了一段絕細絕輕的白紗巾。我沒有見過那麼美的天空！我們倚在青色的船欄上，默默的望著這絕美的海天，我們一點雜念也沒有，我們是被沈醉了，我們是被帶入晶天中了。

乙、雪（節錄）

◎魯　彥

我喜歡眼前飛舞著的上海的雪花。它才是「雪白」的白色，也才是花一樣的美麗。它好像比空氣還輕，並不從半空裡落下來，而是被空氣從地面捲起來的。然而它又像是活的生物，像夏天黃昏時候的成群的蚊蚋，像春天流蜜時期的蜜蜂，它的忙碌的飛翔，或上或下，或快或慢，或粘著人身，或擁入窗隙，彷彿自有它自己的意志和目的。它靜靜無聲。但在它飛舞的時候，我們似乎聽見了千百萬人馬的呼號和腳步聲，大海的洶湧的波濤聲，森林的狂吼聲，有時又似乎聽見了情人的切切的蜜語聲，禮拜堂的平靜的晚禱聲，花園裡的歡樂的鳥歌聲……它所帶來的是陰沈與嚴寒。但在它的飛舞的姿態中，我們看見了慈美的母親，柔和的情人，活潑的孩子，微笑的花，溫暖的太陽，靜默的晚霞……它沒有氣息。但當它撲到我們面上的時候，我們似乎聞到了曠野間鮮潔的空氣的氣息，山谷中幽雅的蘭花的氣息。花園裡濃郁的玫瑰的氣息，清淡的茉莉花的氣息……在白天，它做出千百種婀娜的姿態；夜間，它發出銀光的光輝，照耀著我們行路的人，又在我們的玻璃上札札地繪就了各式各樣的花卉和樹木，斜的、直的、彎的、倒的。還有那河流，那天上的雲……

丙、困局（節錄）

◎白　靈

每回爬景美的仙跡岩，下山來到舊街，總要到一家老豆花店買一桶豆腐腦回去，那是白色的塑膠桶裝的，有蓋有提把，在手上挺有重量。每次提回家，沿路想著加了生薑糖水以及煮爛的白花生，那味道，就幾乎可以用眼睛看到——那順順滑溜的觸覺味覺、那意象，唉，說是人間仙品也不為過！

然而有一次，卻找不到豆花店，聽說搬家了。

一天經過住家附近，看到一扇拉下的鐵門旁貼了一張紅紙黑字：「老王豆花」，每個字大約只有銅板大，很不起眼，只像寫給自個兒看的。我在想，什麼時候那家豆花店竟然搬來這裡了。便四處找了找，一問，才知道就是有鐵捲門的這家，小小的，只有兩公尺寬的門面，卻是住家型態，一點也不適合賣什麼豆花。

生意那麼好卻搬得這麼偏遠，這答案我一直想知道。後來再經過那裡，鐵門拉開了，一對夫婦和兩個小孩正在裡頭各自忙著洗黃豆打黃豆，地上則溼答答的。我進去買了一桶豆花，順便問老闆為什麼搬了家。他操著四川口音說：

「唉呀，忙不過來，搬到這兒清靜多了。」

這倒是新鮮，還有人嫌生意太好的？便又問道：

「你這兒連個店面也沒有，誰曉得你賣的是豆花？」

「哇呀，老弟，很多福利社呀，他們常常打電話來訂貨，誰說沒人買？我們家還得一天到晚總動員呢！」

那語氣好像我很瞧不起他們似的，說完即自顧打起黃豆來。

過了幾個月，卻在市場上看到他開了一輛小發財車賣豆花。再過不久，則又看到他擺了一個麵攤子，還兼賣彰化肉圓，放了幾個板凳，是讓人現吃的。每天只看到他從早擺到晚，總要到夜深了，街上沒什麼行人才收攤。

我不好再過去問他什麼，但看情形，是生意不好做了。

讀後

問一 〈海燕〉及〈雪〉兩篇文章，都使用了描摹的手法，請你比較兩篇文章的描摹手法有何差異？

答一

問二 〈困局〉這篇文章中，恰巧有一句話呼應了「通感」的定義，請你寫出那句話：

答二

A+		A		A-		B+		B		B-		C+		C		C-	

問三 〈困局〉一文中，有沒有運用描摹的手法寫豆花的美味？

答三

【附註】

所謂「通感」，是指感官之間的互通。比如「**白雲輕巧的飄過**」是視覺描摹，「**響在天空的一陣靜靜柔柔的鋼琴聲**」化視覺為聽覺描摹，就是「通感」。又如寫花朵的繽紛多彩，用「**在春天，我們是最喧鬧的小孩**」；寫月光，用「**月光軟柔軟柔的，含一口在嘴裡，冰涼且Q**」都是各種感官覺知的轉換互通。

A+		A		A-		B+		B		B+		C+		C		C-	

5回

我有

◎張曉風

那天下午回家，心裡好不如意，坐在窗前，禁不住地憐憫起自己來。窗櫺間爬著一溜紫藤，隔著青紗和我對坐著，在微涼的秋風裡和我互訴哀愁。

事情總是這樣的，你總得不到你所渴望的公平。你努力了，可是並不成功，因為掌握你成功的是別人，而不是你自己。我也許並不希罕那份成功，可是，心裡總不免有一份受愚的感覺。就好像小時候，你站在糖食店的門口，那裡有一份抽獎的牌子。你的眼睛望著那最大最漂亮的獎品，可是你總抽不著，你袋子裡的鎳幣空了，可是那份希望仍然高高的懸著。直到有一天，你忽然發現，事實上根本沒有那份獎額，那些藏在一排排紅紙後面的籤全是些空白的或者是近於空白的小獎。

那串紫藤這些日子以來美得有些神奇，秋天裡的花就是這樣的，不但美麗，而且有那麼一份淒淒艷艷的韻味。風一過的時候，醉紅亂旋，把憐人的紅意都蕩到隔窗的小室中來了。

唉，這樣美麗的下午，把一腔怨煩襯得更不協調了。可恨的還不止是那些事情的本身，更有被那些事擾亂得不再安寧的心。

翠生生的葉子簌簌作響，如同簷前的銅鈴，懸著整個風季的音樂。這音樂和藍天是協調的，和那一滴滴晶瑩的紅也是協調的——只是和我受愚的心不協調。

其實我們已經受愚多次了，而這麼多次，竟沒有能改變我們的心，我們仍然對人抱著孩子式的信任，仍然固執地期望著良善，仍然寧可被人負，而不負人，所以，我們仍然容易受傷。

我們的心敞開，為要迎一隻遠方的青鳥。可是撲進來的總是蝙蝠，而我們不肯關上它，我們仍然期待著青鳥。

我站起身，眼前的綠煙紅霧繚繞著。使我有著微微眩昏的感覺，遮不住的晚霞破牆而來，把我罩在大教堂的彩色玻璃下，我在那光輝中立著，灑金的份量很沉重的壓著我。

「這些都是你的，孩子，這一切。」

一個遙遠而又清晰的聲音穿過脆薄的葉子傳來，很柔和，很有力，很使我震驚。

「我的？」

「是的，我給了你很久了。」

「唔，」我說，「我不知道」

「我曉得，」祂說，聲音裡流溢著悲憫，「你太忙。」

我哭了，雖然沒有責備。

等我抬起頭來的時候，那聲音便悄悄隱去了，只有柔和的晚風久久不肯散去。我疲倦地坐下去，疲於一個下午的怨怒。

我真是很愚蠢的——比我所想像的更愚蠢，其實我一直是這麼富有的，我竟然茫無所知，我老是計較著，老是不夠灑脫。

有微小的鑰匙轉動的聲音，是他回來了。他總是想偷偷地走進來，讓我有一個小小的驚喜，可是他辦不到，他的步子又重又實，他就是這樣的。

現在他是站在我的背後了，那熟悉的皮夾克的氣息四面襲來，把我沉在很幸福的孩童時期的夢幻裡。

「不值得的，」他說，「為那些事失望是太廉價了。」

「我曉得，」我玩著一裙陽光噴射的灑金點子，「其實也沒有什麼。」

「人只有兩種，幸福的和不幸福的。幸福的人不能因不幸的事變成不幸福，不幸福的人也不能因幸運的事變成幸福。」

他的目光俯視著，那裡面重覆的寫著一行最美麗的字眼，我立刻再一次知道我是屬於那一類了。

「你一定不曉得的」，我怯怯地說，「我今天才發現，我有好多好多東西。」

「真的那麼多嗎?」

「真的,以前我總覺得那些東西是上蒼賜予全人類的,但今天我知道,那是我的,我一個人的。」

「你好富有。」

「是的,很富有,我的財產好殷實。我告訴你,我真的相信,如果今天黃昏時宇宙間只有我一個人,那些晚霞仍然會排鋪在天上的,那些花兒仍然會開成一片紅色的銀河系的。」

忽然我發現那些柔柔的鬚莖開始在風中探索,多麼細弱的掙扎,那些卷卷的綠意隨風上下,一種撼人的生命律動。從窗櫺間望出去,晚霞的顏色全被這些纖纖約約的小觸鬚給抖亂了,亂得很鮮活。

生命是一種探險,不是嗎?那些柔弱的小莖能在風裡成長,我又何必在意長長的風季?

忽然,我再也想不起剛才憂愁的真正原因了。我為自己的庸俗愕然了好一會。

有一堆溫柔的火焰從他雙眼中升起。我們在漸冷的暮色裡互望著。

「你還有我,不要忘記。」他的聲音有如冬夜的音樂,把人圈在一團遙遠的燭光裡。

我有著的,這一切我一直有著的,我怎麼會忽略呢?那些在秋風裡猶為我綠著的紫藤，那些雖然遠在天邊還向我粲然的紅霞，以及那些在一凝注間的愛情，我還能更求些什麼呢？

那些葉片在風裡翻著淺綠的浪，如同一列編磬，敲出很古典的音色。我忽然聽出，這是最美的一次演奏，在整個長長的秋季裡。

讀後

問一 我們的心敞開，為要迎一隻遠方的青鳥。可是撲進來的總是蝙蝠，而我們不肯關上它，我們仍然期待著青鳥。」此一文句中「青鳥」及「蝙蝠」各自象徵什麼？

答一

問二 一個遙遠而清晰的聲音，使作者的心由憤慨混亂而至豁達開朗，本文係以宗教情愫將此聲音安排為「神的指示」，其實，那段話也可以用獨白、省思、沉澱、轉念的形式表達。無論如何，請你具體寫出那段話的意涵。

A+		A		A-		B+		B		B-		C+		C		C-	

27

答二

問三 作者遣用不少文字描繪秋天裡醉紅亂旋的紫藤，這串紫藤，在這篇散文中，具備怎麼的效用？

答三

A+		A		A-		B+		B		B-		C+		C		C-	

張愛玲小說片斷

◎張愛玲

張愛玲（一九二〇～一九九五）的小說藝術放射無限的魅力，影響許多台灣當代作家。下文摘錄自她幾篇著名小說的片斷，請你用心閱讀，並回答問題：

一

有時在公園裡遇著了雨，長安撐起了傘，世舫為她擎著。隔著半透明的藍綢傘，千萬粒雨珠閃著光，像一天的星。一天的星到處跟著他們，在水珠銀爛的車窗上，汽車馳過了紅燈、綠燈，窗子外營營飛著一窠紅的星，又是一窠綠的星？〈金鎖記〉

二

甲、振保的生命裡有兩個女人，他說的一個是他的白玫瑰，一個是他的紅玫瑰。一個是聖潔的妻，一個是熱烈的情婦——普通人向來是這樣把節烈兩個字分開來講的。

也許每一個男子全都有過這樣的兩個女人，至少兩個。娶了紅玫瑰，久而久之，紅的變了牆上的一抹蚊子血，白的還是『床前明月光』；娶了白玫瑰，白的便是衣服上沾的一粒飯黏子，紅的卻是心口上一顆硃砂痣。

乙、振保出身寒微，如果不是他自己爭取自由，怕就要去學生意、做店夥，一輩子死在一個愚昧無知的小圈子裡。照現在，他從外國回來做事的時候，是站在世界之窗的窗口，實在是很難得的一個自由的人，不論在環境上、思想上。普通人的一生，再好些也是『桃花扇』，撞破了頭，血濺到扇子上。就這上面略加點染成為一枝桃花。振保的扇子卻還是空白，而且筆酣墨飽，窗明几淨，只等他落筆。〈紅玫瑰與白玫瑰〉

三

流蘇突然叫了一聲，掩住自己的眼睛，跌跌衝衝往樓上爬，往樓上爬……上了樓，到了她自己的屋子裡，她開了燈，撲在穿衣鏡上，端詳她自己。還好，她還不怎麼老。她那一類的嬌小的身軀是最不顯老的一種，永遠是纖瘦的腰，孩子似的萌芽的乳。她的臉，從前是白得像磁，現在由磁變為玉——半透明的輕青的玉。上頷起初是圓的，近年來漸漸的尖了，越顯得那小小的臉，小得可愛。臉龐原是相當的窄，可是眉心很寬。一雙嬌滴滴，滴滴嬌的清水眼。陽台上，四爺又拉起胡琴來了，依著那抑揚頓挫的調子，流蘇不由得偏著頭，微微飛了個眼風，做了個手勢。她對鏡子這一表演，那胡琴聽上去便不是胡琴，而是笙簫琴瑟奏著幽沉的廟堂舞曲。她向左走了幾步，又向右走了幾步，她走一步路都彷彿是合著失了傳的古代音樂的節拍。她忽然笑了——陰陰的，不懷好意的一笑，那音樂便戛然而止。外面的胡琴繼續拉下去，可是胡琴訴說的是一些遼遠的忠孝節義的故事，不與她相關了。〈傾城之戀〉

四

她姊姊棠倩沒有她高，而且臉比她圓，因此粗看倒比她年輕，棠倩是活潑的，活潑了這些年還沒嫁出，使她喪失了自尊心。她的圓圓的小靈魂破裂了，補上了白磁，眼白是白磁，白牙也是白磁，微微凸出、硬冷、雪白、無情，但仍然笑著，而且更活潑了。老遠看見一個表嫂，她便站起來招呼，叫她過來坐，把位子讓給她，自己坐在扶手上，指指點點，說說笑笑，悄悄的問，門口立著的那招待員可是新郎的弟弟。後來聽出是婁囂伯銀行裡的下屬，便失去了興趣。

……

然而新郎新娘立定之後，證婚人致詞了：『兄弟。今天。非常。榮幸。』空氣立刻兩樣了。證婚人說到新道德、新思潮、國民的責任，希望賢伉儷以後努力製造小國民。大家哈哈笑起來。接著是介紹人致詞。介紹人不必像證婚人那樣的維持他的尊嚴，更可以自由發揮。中心思想是：這裡的一男一女待會兒要在一起睡覺了，趁現在儘量看看他們罷，待會兒是不許人看的。演說的人苦於不能直接表現他的中心思想，幸而聽眾是懂得的，因此也知道笑。可是演講畢竟太長了，聽到後來就很少有人發笑。

樂隊又奏起進行曲。新娘出去的時候，白禮服似乎破舊了些，臉色也舊了。

賓客吶喊著，把紅綠紙屑向他們擲去，後面的人拋了前面的人一身一頭的紙屑。行禮的時候，棠倩一眼不霎看著做男儐相的婁三多，新郎的弟弟，此刻便發出一聲快樂的，撒野的叫聲，把整個紙袋的紅綠紙屑脫手向他丟去。〈鴻鸞禧〉

五

甲、季澤走了。丫頭老媽子也給七巧罵跑了。酸梅湯沿著桌子一滴一滴朝下滴，像遲遲的夜漏——一滴，一滴……一更，二更……一年，一百年。真長，這寂寂的一剎那。七巧扶著頭站著倏地掉轉身來上樓去，提著裙子，性急慌忙，跌跌蹌蹌，不住的撞到那陰暗的綠粉牆上，佛青襖子上沾了大塊的淡色的灰。她要在樓上的窗戶裡再看他一眼。無論如何，她從前愛過他。她的愛給了她無窮的痛苦。單只是這一點，就使她值得留戀。多少回了，為了要按捺她自己，她迸得全身的筋骨與牙根都酸楚了。今天完全是她的錯。他不是個好人，她又不是不知道。她要他，就得裝糊塗，就是容忍他的壞。她為什麼要戳穿他？人生在世，還不就是那麼一回事？歸根究底，什麼是真的？什麼是假的？

她到了窗前，揭開了那邊上綴有小絨球的墨綠洋式窗簾，季澤正在弄堂裡望外走，長衫搭在臂上，晴天的風像一群白鴿子鑽進他的紡綢褲褂裡去，哪兒都鑽到了，飄飄拍著翅子。

七巧眼前彷彿掛了冰冷的珍珠簾，一陣熱風來了，把那簾子緊緊貼在她臉上，風去了，又把簾子吸了回去，氣還沒有透過來，風又來了，沒頭沒臉包住她——一陣涼一陣熱，她只是流著眼淚。

玻璃窗的上角隱隱約約反映出弄堂裡一個巡警的縮小的影子，晃著膀子踱過去。一輛黃包車靜靜在巡警身上輾過。小孩把袍子掖在褲腰裡，一路踢著球，奔出玻璃的邊緣。綠色的郵差騎著自行車，複印在巡警身上，一溜煙掠過。都是些鬼，多年前的鬼，多年後的沒投胎的鬼……什麼是真的？什麼是假的？

乙、他取了帽子出門，向那個小廝道：「待會兒請你對上頭說一聲，改天我再面謝罷！」他穿過磚砌的天井，院子正中生著樹，一樹的枯枝高高印在淡青的天上，像磁上的冰紋。長安靜靜的跟在他後面送了出來，她的藏青長袖旗袍上有著淡黃的雛菊。她兩手交握著，臉上顯出稀有的柔和。世舫回過身來道：「姜小姐……」她隔得遠遠的站定了，只是垂著頭。世舫微微鞠了一躬，轉身就走了。長安覺得她是隔了相當的距離看這太陽裡的庭院，從高樓上望下來，明晰、親切，然而沒有能力干涉，天井、樹、曳著蕭條的影子的兩個人，沒有話——不多的一點回憶，將來是要裝在水晶瓶裡雙手捧著看的——她的最初也是最後的愛。〈金鎖記〉

讀後

問一 由這段描繪，你能看出長安與世舫之間是怎樣的關係？

答一

問二 請你詳細詮釋1.「娶了紅玫瑰，久而久之，紅的變了牆上的一抹蚊子血，白的還是『床前明月光』；娶了白玫瑰，白的便是衣服上沾的一粒飯黏子，紅的卻是心口上一顆硃砂痣。」2.「普通人的一生，再好些也是『桃花扇』，撞破了頭，血濺到扇子上。就這上面略加點染成為一枝桃花。振保的扇子卻還是空白，而且筆酣墨

A+		A		A-		B+		B		B-		C+		C		C-	

飽，窗明几淨，只等他落筆。」這兩句話的意涵。

答一

1.

2.

問二 流蘇是個離婚回娘家，一直仰人鼻息，飽受委屈的女人，但由這段文字的細膩描繪，你能看出她的心思起了怎樣的變化？

答二

A+		A		A-		B+		B		B-		C+		C		C-	

35

問四 於這段關於婚禮的描寫中，請問1.為什麼「新娘出去的時候，白禮服似乎破舊了些，臉色也舊了。」2.行禮的時候，棠倩為什麼要「發出一聲快樂的，撒野的叫聲，把整個紙袋的紅綠紙屑脫手向他丟去。」？

答四

1.

2.

問五 《金鎖記》中這二段文字，都是和心愛的人分手的場面，請你由此分析七巧和長安這對母女的性格差異。

A+		A		A-		B+		B		B-		C+		C		C-	

答五

A+		A		A-	B+		B	B-		C+		C		C-	

公寓

◎許常德

當海洋瘦成河流
而站在日漸近密的風波中
當我們的船只能彼此相覷
而望不見天的遼闊時
這河也無異於一口憂深的井了

讀後

問一 題材來自生活，「公寓」就是許多人最親近的日常事物之一。請你說明，題目明明是「公寓」，為什麼詩中用的卻是「海洋」、「河流」、「船」這些字眼？

答一

問二 「當海洋瘦成河流／而站在日漸近密的風波中」的「瘦」字，用得十分傳神，「風波」也意有所指，請你寫出此詩句的深刻意涵？

答二

A+		A		A-		B+		B		B-		C+		C		C-	

39

問三 為什麼末句要使「河流」無異於一口憂深的「井」？

答三

A+		A		A-		B+		B		B-		C+		C		C-	

桐花祭

◎楊樹清

三四月間，油桐開花，花白如雪
八九月間，油桐落葉，葉黃如土
阿爸在世，滿山種桐，桐子商人買
阿爸過身，滿山桐花，桐花詩人惜

——范文芳〈桐花詩〉

與作家朋友們前往苗栗南庄賞油桐花的途中，隨手翻閱客委會提供的《桐花祭》導覽手冊，讀到范文芳客語版的〈桐花詩〉，「阿爸過身」的字眼晃入我的眼裡、心底。我的閩南島鄉成長經驗，「死亡」竟是和客家村一樣的音、義：過身。

油桐花又名五月雪，油綠的葉襯著雪白的花，陷落在滿山滿谷。

心悸？心祭？

我又想起了我的島鄉和我的父親。

一九四九，父親隨著戰敗的部隊，換了一片水域，自湘江來到浯江。湖南人化作閩南人。

失落童話故事書的童年。是父親高粱下肚後說不完的祖家故事。故事中有野人山、雪山虎、湘西趕屍，另有著族親亡故後化作錦蟒、壁虎、螻蟻的靈異篇。記憶之匣，存放著父親講述「油桐子」的那一段：

油桐樹原產於長江流域，分出木油桐與桐油樹等品種，所結的果實碩大、圓滑有色澤，人稱油桐子，很像梨子，含油量極多，所榨取的油就叫「油桐」。有一回，袁世凱的軍隊攻打到湖南，飢渴之餘，瞧見滿山結實纍纍的油桐樹，齊聲歡呼：「湖南梨子！湖南梨子！」摘了就吃，吃了之後，人人臉色走樣、上吐下瀉，直怪「湖南梨子吃不得」。從此，湖南人都說「袁兵是傻兵，誤把桐子當梨子，拿著槍桿打自己！」

我始終不曾去弄懂、理解父親這則故事的虛實。仍然記得的只是，父親講到「湖南梨子」時，是酒意中有聲音和畫面的，彷彿在眼前，卻又是一種遙遠。

父親的油桐記憶是一種熟悉的遙遠。而我的油桐印象止於童年的一種不全聲音。

世紀之末，父親走完漫長的九十二載人生，長眠台灣。再也走不回油桐的原鄉流域。

我來到南庄。我看到了油桐。兀自哼起了「阿爸在世，滿山種桐……，阿爸過身，滿山桐花……。」

花白如雪。葉黃如土。桐花祭。祭的是原鄉與異鄉，祭的也是父親和父親的年代。

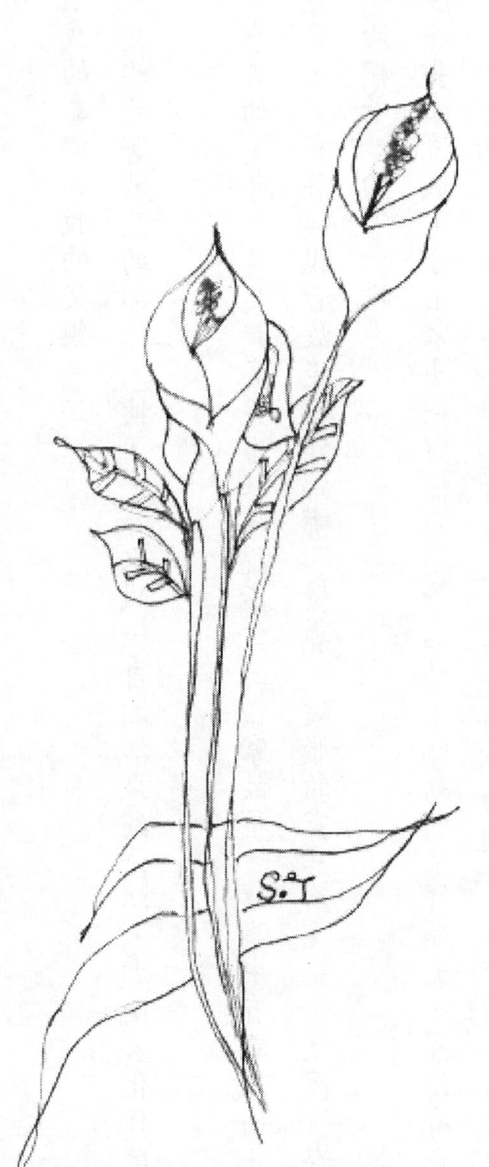

讀後

問一 與朋友往苗栗南庄賞油桐花，是這篇文章的緣起，為什麼作者對南庄油桐花的描繪，卻反而只有短短兩句？

答一

問二 請你解讀父親講「湖南梨子」故事時，為什麼「彷彿在眼前，卻又是一種遙遠」？

答二

A+		A		A-		B+		B		B-		C+		C		C-	

問三 生活中並不缺乏寫作題材，但是作者要有觸發或聯結的能力，才能點鐵成金編綴成文。比如這篇散文，就是由兩則「引用」貫串成文且焦點集中，主題明晰。請你1.寫出文章中的兩則「引用」，2.說明兩則引用之間的關聯。

答三 1.

2.

A+		A		A-		B+		B		B-		C+		C		C-	

9回

甲、黃昏

◎茅　盾

海是深綠色的，說不上光滑；排了隊的小浪開正步走，數不清有多少，喊著口令「一、二——一」似的，朝喇叭口的海塘來了。擠到沙灘邊，啵嘶！——隊伍解散，噴著忿怒的白沫。然而後一排又趕著撲上來了。

三隻五隻的白鷗輕輕地掠過，翅膀撲著波浪，——一點一點躁怒起來的波浪。

風在掌號。衝鋒號！小波浪跳躍著，每一個像個大眼睛，閃射著金光。滿海全是金眼睛，全在跳躍。海塘下空隆空隆地騰起了喊殺。

而這些海的跳躍著的金眼睛重重疊疊一排接一排，一排怒似一排，一排比一排濃溢著血色的赤，連到天邊，成為紺金色的一抹。這上頭，半輪火紅的夕陽！

半邊天燒紅了，重甸甸地壓在夕陽的光頭上。

憤怒地掙扎的夕陽似乎在說：

——哦，哦！我已經盡了今天的歷史的使命，我已經走完了今天的路程了！現在，現在，是我的休息時間到了，是我的死期到了！哦，哦！卻也是我的新生期快開始了！

明天，從海的那一頭，我將威武地升起來，給你們光明，給你們溫暖，給你們快樂！

呼——呼——

風帶著永遠不會死的太陽的宣言到全世界。高的喜馬拉雅山的最高峰，汪洋的太平洋，陰鬱的古老的小村落，銀的白光冰凝了的都市，——一切，一切，夕陽都噴上了一口血焰！

兩點三點白鷗劃破了漸變為赭色的天空。

風帶著夕陽的宣言去了。

像忽然熔化了似的；海的無數跳躍著的金眼睛攤平為暗綠的大面孔。

遠處有悲壯的笳聲。

夜的黑幕沉重地將落未落。

不知到什麼地方去過一次的風，忽然又回來了，這回是打著鼓似的：勃侖侖，勃侖侖！不，不單是風，有雷！風挾著雷聲！

海又動蕩，波浪跳起來，轟！轟！

在夜的海上，大風雨來了！

乙、一炷晚香

◎林清玄

有時候我看到晚霞，總是出奇的想，這晚霞是太陽在為大地晚禱時，點燃的最後一炷香，那紅紅的火頭隨著飛散的煙四散飄去，凡所飄到之處，都有著金黃的美麗。

有時候我看到晚霞，總是出奇的想，這晚霞是天空告別時伸出的掌紋，說再見時，一口氣搖動了天空所有的顏色，然後，天空就以一種憂傷的姿勢，愈走愈遠，終於在黑幕裡遠去，準備明天的表演。

有時候我看到晚霞，總是出奇的想，這晚霞是海和山的戀人，希望在離開的時候，燃燒自己最後的美麗，想把一生的愛意在一刻裡吐盡，海和山聽到了，臉上都抹上黯然的顏色，準備度過夜晚的寒冷。

晚霞是這樣的，我們心裡有愛的時候，不只看見它璀璨的顏色，甚至也聽到它的歌聲，聞到它燃燒的晚香。我們心中憂傷的時候，看到它流著哀痛的血，唱著絕望的輓歌，或者感覺它隨時都會落下，壓垮我們脆弱的心靈。

讀後

問一

一、這兩篇散文，主題都是黃昏。但寫作技巧完全不同，請你分析兩者的不同之處。

答一

問二

這兩篇作品，那一篇由時間的線索貫串？並略加說明。

答二

A+		A		A-		B+		B		B-		C+		C		C-	

問三〈一炷晚香〉一文中，晚霞有時是「璀璨的顏色」，有時卻是「哀痛的血」；有時是「歌聲」，有時卻是「輓歌」；有時是清芬的晚香，有時卻可以壓垮心靈，1.請問這樣的寫法屬於那一種文學表現手法？2.作者用這樣的呈現方式，表達怎樣的意涵？

答三

1.

2.

A+		A		A-		B+		B		B-		C+		C		C-	

10回

這一題，會不會考

◎初安民

我在一所明星中學
擔任國文教員

在必須面臨聯考
激戰底日子裡
告訴學生
方孝孺底生平事蹟
以及被誅滅十族
慘烈無比底來龍去脈
學生問
這一題，會不會考

我在一所明星中學
擔任國文教員
講到胡適
講到二三十年代
激越底中國文學革命
少年胡適
晚年胡適
以國文教員底身分
評斷著胡適底功過得失
學生問
這一題，會不會考

李密出現了，這位
外無期功彊近之親
內無應門五尺之僮底微臣
他願生時隕首，死去時
結草，誓志

獻出所有底忠貞，不勝
犬馬怖懼之情

我對學生說
如果讀到這篇文章
不哭者是不孝

學生問
這一題，會不會考

范進中學
名列榜上第七名
范進樂歪了
瘋了，終於

他也考取了聯考
我的心情逐漸沉重起來
自忖所謂
學術的價值標準以及
目的的當兒

53

學生問

這一題，會不會考

讀後

問一 「方孝孺」、「胡適」、「李密」、「范進中舉」在此詩中，除了同是高中課本的選文作者或書中人物之外，尚有怎樣的相通之處？

答一

問二 「學生問／這一題，會不會考」與「方孝孺」、「胡適」、「李密」、「范進」的生命形象，造成怎樣的文學效果？

答二

A+		A		A-		B+		B		B-		C+		C		C-	

問三 首句「我在一所明星中學／擔任國文教員」深具嘲諷效果，請問1.「明星中學」2.「國文教員」分別嘲諷了怎樣的現象？

答三

1.

2.

A+		A		A-		B+		B		B-		C+		C		C-	

11回 水燈祭

◎林文義

不知道何時才能再次與你相見?在這冬冷時節濛白而淒楚的荻草丘陵、抑或是幾年後一處開遍燈籠草的青青河湄?雲攤成一卷雪色的詩集在我的背後作為襯景;然後,我在瀟瀟的風裡向你挪近,以我長長的黑髮。

至今,我依然深深惦記著遙遠而又鮮明的往昔。我的弱點總是在許多時候以千百倍的殘酷摧殺著我;良知過度的堅持以及悲憫的心懷,哪怕偶爾觸及某種意象,眾多之往昔就潮般呼湧而來。

所以我說,不知道何時才能再次與你相見,這份未曾有過預期的諾言是誰也不會加以在意的;可是,在這冬冷的深夜,在眾燭的光焰搖紅之下,我卻深深地惦記起你,那般深情地,彷彿再見你濛美的雙眼。

多年以來,我總有深夜燃燭靜思的習慣,那是古老傳統的另一種美麗之展示:七月節,人們用彩紙糊成蓮狀的小燈,其中燃以白燭,順水飄流而去。北島的人們都喚它是

「水燈」，一盞水燈祭祀一縷水中含恨而死的亡魂；他們確信：七月節，水中的亡魂都顯靈水湄，以水晶的冷色漂魂於水上，作穿越河泊淒厲而森涼的呼喚。

每年的七月節，我都去北島的河岸，看他們放一盞盞的水燈。就在夕陽緊靠海平線的頭額，獵戶星在尚呈幽藍的暮空閃亮起來的時候，河岸的兩旁已站滿了手持水燈的人們，他們有著無比虔誠的神色，依次將水燈放入靜靜的河裡，一個全身白袍的老人喃喃地唸著逐鬼驅邪的咒語，水燈在河湄怪異的打了幾個轉，就飄到河心；不久，整條河都盈滿著晶亮而神祕的燈盞，它們默默地閃亮著，孤淒的飄盪，瑩瑩的水波間似乎舞動著譎詐陰森的千手，彷如是眾多的亡魂啾啾的哀泣。

北島多風雨，就在一個飄著微雨的夜晚，我撐了把油布傘走過狹窄而古老的長街，那是水燈祭的晚上，我從河岸獨自歸來，意識中竟盈滿遙遠的你，就這樣折騰了自己一夜。次日在灰濛濛的早晨醒來，耳畔有飛鳥鼓翼的輕聲，而雨一直就沒有停過，灰濛濛的天色真教人煩鬱。

去古廟前的石階看老人沉思的靜態，那是一種逐漸澈悟生命的無奈。看那些表情呆滯的老人以毫無意義的動作，一再搖動著手中的蒲扇，搖一陣風嗎？或者搖落滿腹的心酸與老來的淒寂？老伴在那裡？在城西三里處那片蒼涼溼晦的墳地，前些日子，我還去燒過冥紙呢。可不是嗎？已經七月了，你為什麼不去河岸看人放水燈？去呀！

而此時已是冬深，不是七月，如果我單獨撐把油紙傘去北島的河岸，請求廟裡的老人為我紮一隻蓮狀的水燈，去那長遍荻草的河湄，然後用右手去試河水的溫度，那又代表什麼意義呢？用一盞水燈來詮釋生命？苦澀得像杯隔宿的冷茶哪！如果我將水燈讓河水靜靜地帶走，像歲月帶走我逐漸失逝的年輕，那像不像是一次美麗而又悲壯的自悼？

七月節，北島的水燈祭。那夜，每張顏面都在慘白的燭光裡變得泛青而怪異，彷如沉裡河底百年的亡魂奪去他們白天的笑容與歡愉。他們沉默且虔敬的將水燈靜靜的放入河口，讓河底的亡魂分享到一點水燈的光熱吧！不是嗎？在河底百年，在水晶色的藻草與礁床之間，他們冷寂而悲哀，水燈飄於靜靜的波痕之間，且讓亡魂錯望為爍爍星河；當星河流過你扇形的長睫，你感動、垂淚，而又不能自己。水燈祭的晚上，走過長滿藤蔓的小巷，會聽到你自己心底的哭聲，而你，你就是最美麗的異鄉人。

不知道何時才能再次與你相見？在這冬冷時節濛白而淒楚的荻草丘陵、抑或是幾年後一處開遍燈籠草的青青河湄？雲攤成一卷雪色的詩集在我的背後作為襯景；然後，我在瀟瀟的風裡向你挪近，以我長長的黑髮。

讀後

問一 暮空可以是「寶藍」、「黛藍」、「深藍」，水燈的打轉可以是「輕巧」、「靈巧」、「輕靈」，但文中描摹水燈那一段用「幽藍」形容暮空，用「怪異」形容水燈的打轉，你認為作者的用意是什麼？

答一

問二 「你」用在文學作品，有時是特定對象，有時是廣大人群，有時是作者自我生命的一個片斷，有時根本是作者自己的獨白符號。讀完這篇散文，請為文中「不知何時才能與你再次相見」的「你」下個定義。

A+		A		A-		B+		B		B-		C+		C		C-	

答二

問三 孤清又華美的意象始終貫串全文，但文章的表現手法卻靈活跳動。比如「冬深」與「七月」是「時間的跳躍」、「在城西三里處，那片蒼涼溼晦的墳地，前些日子，我還去燒過冥紙呢」，是行文中突然的「人稱換轉」，請你由文中再尋找一處「視覺角度」的換轉。

答三

A+		A		A-		B+		B		B-		C+		C		C-	

12 回

藥

◎魯迅

一

秋天的後半夜，月亮下去了，太陽還沒有出，只剩下一片烏藍的天；除了夜遊的東西，什麼都睡著。華老栓忽然坐起身，擦著火柴，點上遍身油膩的燈盞，茶館的兩間屋子裡，便瀰滿了青白的光。

「小栓的爹，你就去麼？」是一個老女人的聲音。裡邊的小屋子裡，也發出一陣咳嗽。

「唔。」老栓一面聽，一面應，一面扣上衣服；伸手過去說，「你給我罷。」

華大媽在枕頭底下掏了半天，掏出一包洋錢，交給老栓，老栓接了，抖抖的裝入衣袋，又在外面按了兩下；便點上燈籠，吹熄燈盞，走向裡屋子去了。那屋子裡面，正在窸窸窣窣的響，接著便是一陣咳嗽。老栓候他平靜下去，才低低的叫道，「小栓……你不要起來。……店麼？你娘會安排的。」

老栓聽得兒子不再說話，料他安心睡了；便出了門，走到街上。街上黑沉沉的一無所有，只有一條灰白的路，看得分明。燈光照著他的兩腳，一前一後的走。有時也遇到幾隻狗，可是一隻也沒有叫。天氣比屋子裡冷得多了；老栓倒覺爽快，彷彿一旦變了少年，得了神通，有給人生命的本領似的，跨步格外高遠。而且路也愈走愈分明，天也愈走愈亮了。

老栓正在專心走路，忽然吃了一驚，遠遠裡看見一條丁字街，明明白白橫著。他便退了幾步，尋到一家關著門的鋪子，蹩進檐下，靠門立住了。好一會，身上覺得有些發冷。

「哼，老頭子。」

「倒高興……。」

老栓又吃一驚，睜眼看時，幾個人從他面前過去了。一個還回頭看他，樣子不甚分明，但很像久餓的人見了食物一般，眼裡閃出一種攫取的光。老栓看看燈籠，已經熄了。按一按衣袋，硬硬的還在。仰起頭兩面一望，只見許多古怪的人，三三兩兩，鬼似的在那裡徘徊；定睛再看，卻也看不出什麼別的奇怪。

沒有多久，又見幾個兵，在那邊走動；衣服前後的一個大白圓圈，遠地裡也看得清楚，走過面前的，並且看出號衣上暗紅色的鑲邊。——一陣腳步聲響，一眨眼，已經擁過了一大簇人。那三三兩兩的人，也忽然合作一堆，潮一般向前趕；將到丁字街口，便突然立住，簇成一個半圓。

老栓也向那邊看，卻只見一堆人的後背；頸項都伸得很長，彷彿許多鴨，被無形的手捏住了的，向上提著。靜了一會，似乎有點聲音，便又動搖起來，轟的一聲，都向後退；一直散到老栓立著的地方，幾乎將他擠倒了。

「喂！一手交錢，一手交貨！」一個渾身黑色的人，站在老栓面前，眼光正像兩把刀，刺得老栓縮小了一半。那人一隻大手，向他攤著；一隻手卻撮著一個鮮紅的饅頭，那紅的還是一點一點的往下滴。

老栓慌忙摸出洋錢，抖抖的想交給他，卻又不敢去接他的東西。那人便焦急起來，嚷道，「怕什麼？怎的不拿！」老栓還躊躇著；黑的人便搶過燈籠，一把扯下紙罩，裹了饅頭，塞與老栓；一手抓過洋錢，捏一捏，轉身去了。嘴裡哼著說，「這老東西……。」

「這給誰治病的呀？」老栓也似乎聽得有人問他，但他並不答應；他的精神，現在只在一個包上，彷彿抱著一個十世單傳的嬰兒，別的事情，都已置之度外了。他現在要將這包裡的新的生命，移植到他家裡，收穫許多幸福。太陽也出來了；在他面前，顯出一條大道，直到他家中，後面也照見丁字街頭破匾上「古□亭口」這四個黯淡的金字。

二

老栓走到家，店面早經收拾乾淨，一排一排的茶桌，滑溜溜的發光。但是沒有客人；只有小栓坐在裡排的桌前吃飯，大粒的汗，從額上滾下，夾襖也貼住了脊心，兩塊肩胛骨高高凸出，印成一個陽文的「八」字。老栓見這樣子，不免皺一皺展開的眉心。他的女人，從灶下急急走出，睜著眼睛，嘴唇有些發抖。

「得了麼？」

「得了。」

兩個人一齊走進灶下，商量了一會；華大媽便出去了，不多時，拿著一片老荷葉回來，攤在桌上。老栓也打開燈籠罩，用荷葉重新包了那紅的饅頭。小栓也吃完飯，他的母親慌忙說：——

「小栓——你坐著，不要到這裡來。」

一面整頓了灶火，老栓便把一個碧綠的包，一個紅紅白白的破燈籠，一同塞在灶裡；一陣紅黑的火焰過去時，店屋裡散滿了一種奇怪的香味。

「好香！你們吃什麼點心呀？」這是駝背五少爺到了。這人每天總在茶館裡過日，來得最早，去得最遲，此時恰恰蹩到臨街的壁角的桌邊，便坐下問話，然而沒有人答應他。「炒米粥麼？」仍然沒有人應。老栓匆匆走出，給他泡上茶。

「小栓進來罷！」華大媽叫小栓進了裡面的屋子，中間放好一條凳，小栓坐了。他的母親端過一碟烏黑的圓東西，輕輕說：——

「吃下去罷，——病便好了。」

小栓撮起這黑東西，看了一會，似乎拿著自己的性命一般，心裡說不出的奇怪。十分小心的拗開了，焦皮裡面竄出一道白氣，白氣散了，是兩半個白麵的饅頭。——不多工夫，已經全在肚裡了，卻全忘了什麼味；面前只剩下一張空盤。他的旁邊，一面立著他的父親，一面立著他的母親，兩人的眼光，都彷彿要在他身裡注進什麼又要取出什麼似的；便禁不住心跳起來，按著胸膛，又是一陣咳嗽。

「睡一會罷，——便好了。」

小栓依他母親的話，咳著睡了。華大媽候他喘氣平靜，才輕輕的給他蓋上了滿幅補釘的夾被。

三

店裡坐著許多人，老栓也忙了，提著大銅壺，一趟一趟的給客人沖茶；兩個眼眶，都圍著一圈黑線。

「老栓，你有些不舒服麼？——你生病麼？」一個花白鬍子的人說。

「沒有。」

「沒有？——我想笑嘻嘻的，原也不像……」花白鬍子便取消了自己的話。

「老栓只是忙。要是他的兒子……」駝背五少爺話還未完，突然闖進了一個滿臉橫肉的人，披一件玄色布衫，散著鈕扣，用很寬的玄色腰帶，胡亂捆在腰間。剛進門，便對老栓嚷道：——

「吃了麼？好了麼？老栓，就是運氣了你！你運氣，要不是我信息靈……。」

老栓一手提了茶壺，一手恭恭敬敬的垂著；笑嘻嘻的聽。滿座的人，也都恭恭敬敬的聽。華大媽也黑者眼眶，笑嘻嘻的送出茶碗茶葉來，加上一個橄欖，老栓便去沖了水。

「這是包好！這是與眾不同的。你想，趁熱的拿來，趁熱吃下。」橫肉的人只是嚷。

「真的呢，要沒有康大叔照顧，怎麼會這樣……」華大媽也很感激的謝他。

「包好，包好！這樣的趁熱吃下。這樣的人血饅頭，什麼癆病都包好！」

華大媽聽到「癆病」這兩個字，變了一點臉色，似乎有些不高興；但又立刻堆上笑，搭訕著走開了。錦康大叔卻沒有覺察，仍然提高了喉嚨只是嚷，嚷得裡面睡著的小栓也合伙咳嗽起來。

「原來你家小栓碰到了這樣的好運氣了。這病自然一定全好；怪不得老栓整天的笑著呢。」花白鬍子一面說，一面走到康大叔面前，低聲下氣的問道，「康大叔——聽說今天結果的一個犯人，便是夏家的孩子，那是誰的孩子？究竟是什麼事？」

「誰的？不就是夏四奶奶的兒子麼？那個小傢伙！」康大叔見眾人都聳起耳朵聽他，便格外高興，橫肉塊塊飽綻，越發大聲說，「這小東西不要命，不要就是了。我可是這一回一點沒有得到好處；連剝下檢的衣服，都給管牢的紅眼睛阿義拿去了。——第一要算我們栓叔運氣；第二是夏三爺賞了二十五兩雪白的銀子，獨自落腰包，一文不花。」

小栓慢慢的從小屋子走出，兩手按了胸口，不住的咳嗽；走到灶下，盛出一碗冷飯，泡上熱水，坐下便吃。華大媽跟著他走，輕輕的問道，「小栓你好些麼？——你仍舊只是肚餓？……」

「包好，包好！」康大叔瞥了小栓一眼，仍然回過臉，對眾人說，「夏三爺真是乖角兒，要是他不先告官，連他滿門抄斬。現在怎樣？銀子！——這小東西也真不成東西！關在牢裡，還要勸牢頭造反。」

「阿呀，那還了得。」坐在後排的一個二十多歲的人，很現出氣憤模樣。

「你要曉得紅眼睛阿義是去盤問底細的，他卻和他攀談了。他說，這大清的天下是我們大家的。你想：這是人話麼？紅眼睛原知道他家裡只有一個老娘，可是沒有料到他竟會那麼窮，榨不出一點油水，已經氣破肚皮了。他還要老虎頭上搔癢，便給他兩個嘴巴！」

「義哥是一手好拳棒，這兩下，一定夠他受用了。」壁角的駝背忽然高興起來。

「他這賤骨頭打不怕，還要說可憐可憐哩。」

花白鬍子的人說，「打了這種東西，有什麼可憐呢？」

康大叔顯出看他不上的樣子，冷笑著說，「你沒有聽清我的話；看他神氣，是說阿義可憐哩！」

聽著的人的眼光，忽然有些板滯；話也停頓了。小栓已經吃完飯，吃得滿身流汗，頭上都冒出蒸氣來。

「阿義可憐——瘋話，簡直是發了瘋了。」花白鬍子恍然大悟似的說。

「發了瘋了。」二十多歲的人也恍然大悟的說。

店裡的坐客，便又出現活氣，談笑起來。小栓也趁著熱鬧，拚命咳嗽；康大叔走上前，拍他肩膀說：——

「包好！小栓——你不要這麼咳。包好！」

「瘋了。」駝背五少爺點者頭說。

四

西關外靠著城根的地面，本是一塊官地；中間歪歪斜斜一條細路，是貪走便道的人，用鞋底造成的，但卻成了自然的界限。路的左邊，都埋著死刑和瘐斃的人，右邊是窮人的叢塚。兩面都已埋到層層疊疊，宛然闊人家裡祝壽時候的饅頭。

這一年的清明，分外寒冷；楊柳才吐出半粒米大的新芽。天明未久，華大媽已在右邊的一座新墳前面，排出四碟菜，一碗飯，哭了一場。化過紙，呆呆的坐在地上；彷彿等候什麼似的，但自己也說不出等候什麼。微風起來，吹動他短髮，確乎比去年白得多了。

小路上又來了一個女人，也是半白頭髮，襤褸的衣裙；提一個破舊的朱漆圓籃，外掛一串紙錠，三步一歇的走。忽然見華大媽坐在地上看她，便有些躊躇，慘白的臉上，現出些羞愧的顏色；但終於硬著頭皮，走到左邊的一座墳前，放下了籃子。

那墳與小栓的墳，一字兒排著，中間只隔一條小路。華大媽看她排好四個碟菜，一碗飯，立著哭了一通，化過紙錠；心裡暗暗地想，「這墳裡的也是兒子了。」那老女人徘徊觀望了一回，忽然手腳有些發抖，蹌蹌踉踉退下幾步，瞪著眼只是發怔。

華大媽見這樣子，生怕她傷心到快要發狂了；便忍不住立起身，跨過小路，低聲對她說，「你這位老奶奶不要傷心了，——我們還是回去罷。」

那人點一點頭，眼睛仍然向上瞪著；也低聲吃吃的說道，「你看，——看這是什麼呢？」

華大媽跟了她指頭看去，眼光便到了前面的墳，這墳上草根還沒有全合，露出一塊一塊的黃土，煞是難看。再往上仔細看時，卻不覺也吃一驚；——分明有一圈紅白的花，圍著那尖圓的墳頂。

她們的眼睛都已老花多年了，但望這紅白的花，卻還能明白看見。花也不很多，圓圓的排成一個圈，不很精神，倒也整齊。華大媽忙看她兒子和別人的墳，卻只有不怕冷的幾點青白小花，零星開著；便覺得心裡忽然感到一種不足和空虛，不願意根究。那老女人又走近幾步，細看了一遍，自言自語的說，「這沒有根，不像自己開的。──這地方有誰來呢？孩子不會來玩；──親戚本家早不來了。──這是怎麼一回事呢？」她想了又想，忽又流下淚來，大聲說道：──

「瑜兒，他們都冤枉了你，你還是忘不了，傷心不過，今天特意顯點靈，要我知道麼？」她四面一看，只見一隻烏鴉，站在一株沒有葉的樹上，便接著說，「我知道了。──瑜兒，可憐他們坑了你，他們將來總有報應，天都知道；你閉了眼睛就是了。──你如果真在這裡，聽到我的話，──便教這烏鴉飛上你的墳頂，給我看罷。」

微風早經停息了；枯草支支直立，有如銅絲。一絲發抖的聲音，在空氣中愈顫愈細，細到沒有，周圍便都是死一般靜。兩人站在枯草叢裡，仰面看那烏鴉；那烏鴉也在筆直的樹枝間，縮著頭，鐵鑄一般站著。

許多的工夫過去了；上墳的人漸漸增多，幾個老的小的，在土墳間出沒。

華大媽不知怎的，似乎卸下了一挑重擔，便想到要走；一面勸著說，「我們還是回去罷。」

那老女人嘆一口氣，無精打采的收起飯菜；又遲疑了一刻，終於慢慢地走了。嘴裡自言自語的說，「這是怎麼一回事呢？……」

他們走不上二三十步遠，忽聽得背後「啞——」的一聲大叫；兩個人都竦然的回過頭，只見那烏鴉張開兩翅，一挫身，直向著遠處的天空，箭也似的飛去了。

讀後

問一 小說中的主線可收「萬流歸宗」的效果。比如古典名著《紅樓夢》，人物眾多，情節豐富，但偌大的一本書，由首至尾始終以雙主線貫串，一為「寶玉及黛玉戀情的生與滅」，一為「榮府的興與衰」，所以能夠龐巨而不蕪亂。魯迅的「藥」，也是雙主線並行1.請你寫出雙主線及情節進行的過程。2.作者用那些事物做為雙主線的交集？

答一

A+		A		A-		B+		B		B-		C+		C		C-	

問二 上墳那一段，有幾句關於夏瑜母親的描寫，請你說明1.為什麼「夏瑜的母親忽然見華大媽坐在地上看她，便有些躊躇，慘白的臉上，現出些羞愧的顏色」？2.為什麼夏瑜的母親「終於硬著頭皮，走到左邊的一座墳前」？

答二 1.

2.

問三 小說中，魯迅不只一處，使用象徵手法表達自己對「革命大業」的觀點，請你細閱全文，寫出下列各題的象徵意義。

答三 1.烈士的血，淪為癆病的藥，用以象徵：

2.夏瑜固然犧牲，小栓一樣也沒能活命，用以象徵：

A+		A		A-		B+		B		B-		C+		C		C-	

3.華大媽與夏瑜母親的相遇、相憐、結伴而行，用以象徵：

4.夏瑜墳上的花，不是自然開長的，而是有人獻祭的，用以象徵：

5.烏鴉不停棲墳頂，反而直向遠處天空，箭也似的飛去了，用以象徵：

6.「華」家與「夏」家用以象徵：

A+		A		A-		B+		B		B-		C+		C		C-	

【附註】

本篇最初發表於一九一九年五月。按篇中人物夏瑜隱喻清末女革命黨人秋瑾。秋瑾於一九〇七年遭清廷殺害，就義地點在紹興城內竹軒亭口。不過，編者認為小說是虛構的故事，「夏瑜」可泛指具理想色彩的革命者。

A+		A		A-		B+		B		B-		C+		C		C-	

第13回 我用贗幣買了一本假護照

◎王添源

這是一個陰冷的春天，向陽山坡積雪
不溶，蜂蝶無力飛舞，蛙蛇蟄伏不出。我站在
街角。人們無視於我的存在，公然舉臂，集體
互相注射多顏色的毒品；之後用烈酒和鹽水
洗滌遭棍棒襲擊的傷口。陣陣歡呼
自廣場那邊傳來：老練的偽幣製造者
慈善捐款接受表揚。這樣的初春景色

除了冷還有一些詭異：乞丐占據市郊的
糧倉抗議通貨膨脹，代議士縱火企圖
燒掉國會，猴子與狗霸佔公園並且標示：

「人與非理性動物不准進入。」
我逐漸失去等待春和景明的耐心
我用贗幣買了一本假護照，出國
尋找流落他鄉，曾是志同道合的朋友

❖十四行詩簡介

十四行詩起源於十三世紀的義大利，英文名稱Sonnet，是一種很嚴謹的格律詩體。所謂「格律詩」，是指有結構、音節、韻律、意象、遣詞造句、行氣掌握等要求與講究的詩體。格律是一種鐐銬，但也最能證實詩人駕馭運用文字的能力。文藝復興時期，十四行詩盛行於義大利，後來傳入英國亦形成風潮，其中以莎士比亞的十四行詩成績最豐碩。

義式十四行詩通常為八～六結構；英式十四行詩則為四－四－三結構，後人則常由傳統形式脫胎換骨，比如王添源的十四行詩就常有十二－二或八－六的形式。

王添源十四行詩的前十二行通常不分段，末兩行就處於強調的地位，是全詩的精髓，可作為警句讀，是情緒醞釀的引爆，具有畫龍點睛之效果。

讀後

問一 這是一首嘲諷性極強烈的十四行詩，是作者對台灣社會的觀察。首句寫景，然而，本應蜂飛蝶舞、冰雪消融的明媚初春，卻呈現「陰冷、積雪、蜂蝶蛇蛙寂然不出」的現象。「寓情於景」本來就是文學的常見手法，這句寫景文字正寓含作者的社會觀，請你由此解讀作者心目中的台灣社會。

答一

問二 詩多象徵，比如「多顏色」、「毒品」、「烈酒、鹽水洗滌傷口」、「乞丐占據糧倉」都具象徵意義，請你解讀詩中：1.「集體互相注射多顏色的毒品」2.

A+		A		A-		B+		B		B-		C+		C		C-	

「猴子與狗霸佔公園並且標示：『人與非理性動物不准進入。』」所意指的社會現象。

答二

1.

2.

問三 「我用膺幣買了一本假護照」，使詩旨深顯，也使此詩的尖銳豁然添上一抹無奈傷悲，請你寫出此句的深沉涵意。

答三

A+		A		A-		B+		B		B-		C+		C		C-	

【附註】

王添源這首詩寫於一九九〇年，群眾街頭抗爭結束的年代。原以為一九九〇年之後，各種對立、混亂現象會改善，沒想到亂象反而變本加厲。抗爭年代結束，原應進入平靜療傷年代，但用「烈酒和鹽水洗滌」的療傷，反而使傷口更加疼痛。

A+		A		A-		B+		B		B-		C+		C		C-	

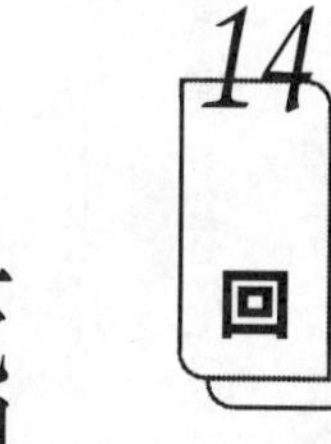

花園之夏

◎路寒袖

有時候，我會錯覺老作家是一尊雕像。

初夏的曦光自院前的藤蔓篩落，幻茫的光點將老作家稀疏的白髮染得燿燿灼亮，除了翻書的動作和几上新樂園香煙的裊裊輕曼，他可以靜寞的坐在竹製躺椅上度過一個早晨。

有時候，我會認為自己是一隻尋找陷阱的野獸。

初夏的曦光同樣的灑照進居住的破敗工寮，書桌前的窗口是一棵高齡芒果樹，枝葉傲慢的竄入寮內。我喜歡用蘸水筆和宣紙為遠方的友人寫信，向他們交付一些離群索居的心情。更早的時刻，大度山的晨霧灰迷籠罩，從窗口望出去是花園的主體，右方土徑常可看到老作家的兩個孫女背著沉甸的書包，走過香椿、茶花、水塔、孤挺花、太陽菊，到水池旁的柳樹左彎下坡，上學去，白色的制服走入白色的山霧。

而我與老作家的共處，通常就在這初夏的清晨，我澆完花，在水池邊洗淨雙腳，穿上木屐，回到前院，老作家剛好插完一盆花。如果我坐下來，我們會先泡一壺茶，將滿園的花香倒入杯內，讓蝴蝶、蜜蜂在四周飛旋。老作家最常提及的是噍吧哖事件，尤其躲在門縫後看著日軍的砲車、運兵車揚塵而過，騰騰的殺氣震撼了當時才九歲的他的心靈。然而一心狂熱的追求文學與生命的我，望著相思樹上的鳥群，耳朵充盈著跳躍的音符，內心渴望知曉的卻是花開花落的意含。

夏季還沒結果，我把木屐放回院前的黃泥地，便離開花園了，我知道孤挺花和太陽菊依然自雨後的晨霧中，拔高探視日愈荒蕪的園地。之後，每當花朵在我的內心開落，我便想起老作家習慣擺於院落茶几、使用多年的花剪，他每天用那把剪子剪下各類花朵，插成姿態迥異賞心悅目的盆花。

就此，我漸漸地走出了昔日自設的陷阱，舉足奔跑，在臺灣史上目睹了噍吧哖事件被日人屠殺的數千臺胞，在門縫後驚慌失措的老作家童年，也見到了老作家以不悔的行動和寫作來抗爭日人的欺壓，和他被幽囚監牢時仍然心懷臺灣、人民的鬱勃神色。在歷史裡，我遇見了熟識的朋友，可以清楚的讀完他的一生，溶入他的思想。

當我奔馳累了，在深夜的夢中，不自知的又回到了花園，從水池旁上坡，滿園的孤挺花和太陽菊伸長頸項呼出白白霧氣，而後過了水塔，那排茶花，和我們常摘葉煎蛋的香椿，老作家的兩個孫女正迎面而來。藤架下老作家的身影明晰可見，新樂園香煙依舊繚繞，老花眼鏡已棄置一旁。啊！靜寂的一切。

常常，我會覺得老作家真是一尊雕像。

讀後

問一 作者在首段說「有時候，我會錯覺老作家是一尊雕像」，末段作者用「常常，我會覺得老作家真是一尊雕像」，這兩句話有什麼差別？

答一

問二 第五段寫老作家與作者曾有的共處時光。面對老作家最常提及的往事，作者卻「望著相思樹上的鳥群，耳朵充盈著跳躍的音符」這一段形象化描寫，所顯露的意涵是什麼？

答二

A+		A		A-		B+		B		B-		C+		C		C-	

問二 這篇散文的結構綿密，處處呼應顯得精鍊圓合，請你寫出文中前後呼應之處。

答二

A+		A		A-		B+		B		B-		C+		C		C-	

15 回

甲、閒敲棋子

◎凌　拂

早年在山裡教書，逐年收集了一碗血藤的種子。血藤莢果頎長，剝開來黑色的種仁扁平堅硬，乾了之後相互敲擊聲音輕悅，時常放在手裡可以盤出光澤，雖是植物竟有石材的質感。山上小孩稱它做黑眼子，我盤在手裡越盤越亮，還真覺得它像台灣黑熊的眼睛。

血藤是台灣的原生植物，常綠大藤本，由於喜歡日照，所以在林野的開闊地生長，但是隨著冒出來的林木逐漸長高，為了爭取陽光，血藤藉著這些林木的支撐，便站立了起來，從此在高高的林冠上層隨緣遊走。莢果成熟時期，我們在深暗的林下撿落果，這是山上小孩的童玩；**大自然提供飲食，也提供消遣和娛樂，當土地倫理和環境生態沒有被破壞的時候，受與用之間是一種極其自然的機緣，有著整體性的循環與穩定性的和諧。**

我拾了一碗短尾柯的小胖果，圓錐狀的種實渾圓光亮，和血藤子相對湊成一組，便成了頂級的天然棋子。下圍棋、五子棋的時候相對而坐，手裡各端著一碗種實，舉棋落點在盤面上，一扁平一圓錐，黑褐相間，色澤、造型之美，樸實之甚，俱是金不換的天物。偶爾下棋，山間風、林下樹，歲月自是沒有甲子。

人對自然與生活的態度，在不同的時間與空間裡，便會有不同的傾向與體驗。面對面對，健康的土地，多樣的生物群落，如果完整而穩定，自有其供需和取用上的平衡與張力。野地裡狼多了鹿就會少，草食動物總生活在肉食動物的恐懼之中，而鹿多了，草原的供需也有它的極限。對松鼠而言，如果山上有這麼多的果實，就意味著食物的免於匱乏，但是我端著的一碗棋子也有可能會是松鼠儲存的食物嗎？

陽光植物不會在林下生成，動物只吃當季的新果。閒敲棋子，我對這點信念的思索，棋案上布局，走著大自然的迷宮。乾了的種實，內裡失了水分，我們在棋面上逐一思考落點，自然提供一切，飲食、消遣與娛樂，我們自己也是一個自然裡的循環。生活上來自自然的質感與美是超越其他的，閒敲棋子，某些看不見的消長，我們怕的應當不是取用，而是土地的健康不再，那麼鬆動的便不只是一棵建物，而是整個生物金字塔的結構了。

乙、料羅灣的漁舟

◎葉　珊

那天中午，吉普車蹦蹦跳跳地開過料羅灣邊的公路時，好大的風沙！只看到白花花的太陽光照在樹上、田地裡、馬路上。車子忽然升高，揚起一片灰塵，又往前滑了幾公尺。灰塵落定時，眼前亮開一片湛藍如寶石的海灣，那是我們熟知的料羅灣。車子又一迴轉，就失去了它；第二次迴轉，我看到料羅灣的漁舟。

我不止一次看那出名的料羅灣，卻沒有這麼激動過。那天中午，四月的末尾，在烈日下，它平靜而神秘。我在吉普車上看到它如貓咪的眼，如銅鏡，如神話，如時間的奧祕。我看到料羅灣的漁舟，定定地泊在海面上。

那些漁舟的靜，並不是真正的靜。我在遠處，只能看見藍色的冬天和斑花的船尾。畫了許多紋彩的漁舟，泊在海面上，彷彿是定定的，靜止的，因為海面無波。而海面果然無波嗎？漁舟果然靜止嗎？我納悶著。人未曾走上去，就體認不出它的動盪；不曾漂海，就不了解它的起伏和不安。

許多美好的生活和甜蜜的園地，都彷彿是不變的、安詳的、靜止的、無憂的；事實上，我們看到它時，離它太遠，不曾俯身向前，用生命去擁抱它，感覺它。樹的無知、山的沉默、書籍的淵博，都要求我們去撫觸和體認。海也相同，海灣上的漁舟也相同。

讀後

問一 凌拂將題目命名為〈閒敲棋子〉，你認為這四個字的深層意涵是什麼？

答一

問二 作者形容料羅灣「如貓咪的眼，如銅鏡，如神話，如時間的奧秘」，這些描寫表現大海的那些特質？

A+		A		A-		B+		B		B-		C+		C		C-	

答二

問三 請你比較：1.〈料羅灣的漁舟〉一文，有或沒有最後一段；2.〈閒敲棋子〉少去黑體字的文字，會有怎樣的差別？

答三

1.

2.

A+		A		A-		B+		B		B-		C+		C		C-	

A+		A		A-		B+		B		B-		C+		C		C-	

甲、橋約

◎石德華

——《莊子・盜跖篇》：「尾生與女子期於梁下，女子不來，水至不去，抱梁柱而死。」

尾生：

①我只想讓你知道有人懂你！我與你神回那夜的橋。

②天淹地沒，驚聲怒狀，當萬丈洪水以從容的潑野將自己捲成一個無邊的句點，便將你孤獨而完整的圈噬。你與這世界告別的事件，舉凡讀過中國文化基本教材第三冊的人盡皆知曉。留名千古，是你做夢也沒想到的事吧！

③書中用你來解釋孔夫子說的：「好信不好學其敝也賊」，並斬釘截鐵的評告學子，只知重然諾而不明事理的小信是會傷害自己的。每當我授課至此，學生們都振起精神努力嗤笑，爭相數落你的蠢，兼並抗議你有損男性沙文。

④在那樣的時刻，我總是十分的寂寞，為你，也為我自己。

⑤我所處的這個時代，正瘋狂鼓擊著變化急速全無章法的節奏，人們忙於顧算生滅起落，益利得失。在失去節拍的節拍中，對生命中纖細悠綿、靜放幽光的事物根本喪失體察的能力及心情。洪水，仍還是有的，但架構情感的建材早已汰舊更新。沒有永恆，難見唯一，每一樁萍與水的偎倚遇合，只是為了下一刻的分離。鍾情容易深情難，人們留不住自己，缺乏可定持的高貴信念，所有操切的追尋，徒種生獲取後的迷茫。而你，能為一名女子，讓自己在橋下站成一尊不移的雕石，遙遙的眼神永生展望固定的方向，崩石隆隆，你耳中只有等待的闃靜；洪水滾滾，你心中只有下一秒她必然翩臨的渴望；靜女其姝，靜女其孌，她是你無數個日裡的踟躕，夜裡的輾轉，你要為她奉獻所有。錦兮煒兮，光耀燦兮，美夢將要成真，你墜深淵般無法回頭……，水來，捲成無罅隙的句點如你無罅隙的愛。

⑥所以，你明白了吧！尾生，他們在妒忌你，唐代那衛道的韓愈曾剖析人群中毀謗叢生的原因在於怠與忌：「怠者不能修，而忌者畏人修」。怠惰的人自己做不到，忌才的人害怕別人做得到。譏笑就是變相的毀謗，他們用不負責的嘲笑在掩飾內心極度的艷羨，因為他們會唱「天天想你，天天守著一顆心，把我最好的愛留給你」，卻在愛情的園圃裡綻不開一株堅貞燦爛的花。里士比爾說：一切男人都需要某種東西來提高他們的本性，這東西就是——愛慕一個可敬愛的女子。他們樣樣都比你強，唯獨此事他們辦不到，還編派你是在守「不明事理的小信」，他們真在妒忌你，尾生！

⑦貪生怕死是人的通屬性，但有人懂得在內心拓闢一個通明剔亮的角落，來安置一樣比生命更可貴的東西，這便是人的差異性。在這個角落，林覺民安置了國族，所以他慷慨陳辭從容赴義；文天祥安置了仁，所以他鼎鑊甘如飴求之不可得；伯夷叔齊安置了商君，所以不食周粟餓死首陽；甚至大觀園中一名小女子晴雯、深夜裡撐坐起發高熱的身子，「頭重腳輕滿眼金星亂墜，實是撐不住」還狠命咬牙勇敢的為寶玉編織高貴的孔雀裘，也也是因為她偷偷的將寶玉安置在那個光明高華的角落；結果林覺民是烈士，文天祥是忠臣，伯夷是聖之清，晴雯成了芙蓉花神，唯獨你因安置一名女子，就必須承受千古以來妒羨交雜的嘲笑？更何況「差異性」是因人而異的，人們憑什麼什麼連最起碼的尊重都不給你？並沒有多少人瞭解這些，所以你寂寞，我確信絕不會有人在橋下等我而水至不去，所以我也寂寞。

⑧抱橋柱是為了延續你的等待對不對？當太陽東昇洪水平息，若你隨波逐流到不可知的汪洋，如何能重尋迢遞回路再去守候下一刻就要成真的美夢？這橋有你完整的奉獻、有你此生的盼望、有你不收拾的深情，是你生活最深最終的地方。你用抱橋的姿勢在擁愛在抱夢在無聲的實踐「你可以懷疑星星是火，你可以懷疑真理是謊言，但永遠不要懷疑我對你的愛」，不是重然諾，是因為這樣你才緊抱吞柱至死不去的，對不對？

⑨尾生，你是否驚知己於千古？今夜微寒，衣衫尚溼否？珍重！

乙、我在水中等你

◎洛　夫

水深及膝
淹腹
一寸寸漫至喉嚨
浮在河面上的兩隻眼睛
仍炯炯然
望向一條青石小徑
兩耳傾聽裙帶撫過薊草的窸窣

日日
月月
千百次升降於我脹大的體內
石柱上蒼苔歷歷
臂上長滿了牡蠣
髮，在激流中盤纏如一窩水蛇

緊抱橋墩
我在千噚之下等你
水來我在水中等你
火來
我在灰燼中等你

讀後

問一　1.相同的題材可以入文，可以寫詩。請以文章結構最常見的「起、承、轉、合」分析〈橋約〉一文的結構。2.相同的方式能套用在〈我在水中等你〉這首詩中嗎？

答一　1.起——

承——

轉——

合——

2.

A+		A		A-		B+		B		B-		C+		C		C-	

問二 經由第一題的結構分析，你能體會詩與散文最基本的差異嗎？

答二

問三 詩文可以同胎，請你找出〈橋約〉與〈我在水中等你〉意念相通之處？（請抄錄原文做比較）

答三

A+		A		A-		B+		B		B-		C+		C		C-	

問四 請你解讀「石柱上蒼苔歷歷／臂上長滿了牡蠣」的意涵？

答四

【附註】 洛夫〈愛的辯證〉乃一題二式，此為式一。以「尾生抱柱」的守信行為，去辯證所謂的真愛，究竟是寧死亦堅持，亦或變通存活而再造可能？洛夫並未刻意批判或臧否，只公平地呈現兩者情境，讓讀者體會思索。

A+		A		A-		B+		B		B-		C+		C		C-	

17 回

聖人一再回頭

◎蕭蕭

仲尼回頭

走過曲阜斜坡，仲尼曾經三次回頭，一次爲顏淵、子路、曾參、宰我，一次爲孔鯉、孔伋，另一次爲門口那棵蒼勁的古柏。

走過魯國開闊的平疇，仲尼只回了兩次頭，一次爲遍地青柯不再翠綠，遍地麥穗不再黃熟，一次爲東逝的流水從來不知回頭而回頭，回頭止住那一顆忍不住的淚沿頰邊而流。

走過人生仄徑時，仲尼曾經最後一次回頭，看天邊那個仁字還有哪個人在左邊撐天上的那一橫地上的那一橫，留個寬廣任人行走。

讀後

問一 請寫出這首散文詩中，「回頭」的象徵意義？

答一

問二 請寫出此詩結構上的特色。

答二

A+		A		A-		B+		B		B-		C+		C		C-	

問三 請你將詩中「看天邊那個仁字還有哪個人在左邊撐天上的那一橫地上的那一橫，留個寬廣任人行走。」的意涵，予以充分詮釋。

答三

A+		A		A-		B+		B		B-		C+		C		C-	

18回 委員

◎方梓

是有些為難，究竟離或不離？不離對選情可能有影響，對手會拿他和李琳的事來打擊他，可是離了，誰來照顧阿爸？雖然離婚是私事，恐怕得找榮岳他們來商量，來個沙盤推演比較周全。

望著玻璃帷幕反照的自己身影，他看到自己不安的樣子，八月的天氣，他竟然感到一股冷意，空調太冷了，還是少了李琳溫潤的身軀。為了這場背水一戰的選舉，他和李琳有一個月沒有在一起了，自從該死的狗仔隊來了之後，他搬出李琳的套房，連幽會也總是小心翼翼的，是因為這樣的壓力嗎？李琳最近逼他離婚的情緒越來越高漲，甚至以性來懲罰他。

他和葉雲其實早該離了，二十年的婚姻，五年的爭吵，十年有名無實，至於，新婚的前五年，他竟然記憶模糊，這樣的婚姻兩人竟然都沒提到離婚，葉雲愛孩子，又沒謀生能力，是她不離婚的原因，他呢？離不離對他都沒影響；從分床、分房到現在的分居，葉雲對他放牛吃草，不聞不問，他也就樂得輕鬆自在，情感一日一日的流失，距離像蠹蟲，吞蝕了兩人的過去，甚至預支了未來。

葉雲是孩子的母親，爸媽眼中的好媳婦，一個不能離開的親人。

這十多年來，他交往過不少女友，似乎從沒認真過，對李琳其實也沒認真到要結婚。為形象結婚？或者，應該是為形象離婚。

該如何向葉雲開口？時間如刀，輕輕的刮，日日的刮，再厚的情愛也刮破了。這十年和葉雲幾乎無話可說，即使難得的除夕夜同桌吃飯，他也只是遞給她一包壓歲錢，一聲：新年快樂。

什麼時候開始給葉雲壓歲錢？是他第一次領年終獎金吧，那時善善三歲，他第一次工作滿一年，也是至今唯一的一次吧。玉靜說他是少爺命，無須為錢煩惱。他有個有錢的父親和能幹的母親，也似乎注定了他浪蕩的一生。

從終年沒有固定的工作到主持廣播節目，他也只能給葉雲一年一次的壓歲錢。他知道葉雲不缺錢，父親每月給的生活費，節省的葉雲用起來綽綽有餘。給葉雲壓歲錢彷彿是他一年唯一盡丈夫的職責。

＊　＊　＊

墨色的夜裸露出黑黝黝的缺口，她害怕一個不小心掉入；常常她在極疲憊中入睡，卻也在不安中惶惶醒來，面對沉沉壓下來的夜，那個缺口就置放在那兒等著她掉落。

夜是如此可畏，白晝呢？午后公公小寐，她坐在窗前，屋內靜極了，像靜物畫，她的坐姿也一如雕像，窗外的巷子默片般的人來人往。這是一條走出去的巷子，也是兒子回來的途徑，她該走出去，還是繼續等兒子回來？入秋兒子就要到中部讀大學了，她等誰呢？心情就像巷口那棵菩提樹，努力的伸張枝椏，都探觸不到遠方，也探觸不到丈夫的心。她是定在這兒的一顆樹，樹要如何移植？

昨日和阿秀和玉靜商量有關離婚的事宜，她們超乎熱心的提供許多意見。自從十年前她宣布婚姻死刑，她們就等著這一刻，好來落實她們的關心，就在她們失去興趣，關懷無處著落後，這一刻，再度沸騰她們澎湃的熱切，比咖啡還滾熱燙口的情緒就像在商討結婚事宜。

「贍養費最少也得一千萬，外加一棟房子！」玉靜激昂的聲調，好像在談論聘金和禮餅。

「善善都十八歲了，有什麼不放心，總不能一輩子當他們家的特別看護，女人有多少二十年。如果要找工作，我讓阿超幫妳。」阿秀胸有成竹的已打點好她未來的出路，彷彿只要離婚，從此過著幸福的生活。

從此過著幸福的生活？二十年前她是這麼想著的，被囚禁了二十年的她成了王子的媽，幸福是一頁頁讀不完的心酸史，是一層又一層不能摳揭的結痂。幸福是過期的食物，霉了也酸臭了。

贍養？定生什麼時候養過她？當初結婚，同學都羨慕她嫁給有錢人，有錢的是公婆，也不過是幾筆房產和一小筆土地，前幾年，公公退休，加上中風，房租的收入不夠開銷，開始賣房子過生活，她不但做不成少奶奶，倒成了廉價的台傭。

爸爸當年是那樣斬釘截鐵的反對：寧可嫁給散赤肯打拼的人，嘛不通嫁乎要吃不討賺的人。她是怎麼說服爸媽的，她說定生有才能，只是無機會。

至今她還是相信定生有才能，只是沒定性。定生說從小他就希望當個音樂家，獨子的他，父親要他做生意，他一氣跑去讀中文系，立志要寫作。和定生認識時，定生剛退伍，在一家小雜誌當助理編輯，她是隔壁貿易公司的小秘書，都在樓下的自助餐吃飯認識的。定生說他要當個專業作家，煩瑣的，編務會妨礙他的寫作，她極力的支持，甚至用婚姻下賭注。

她是輸了這場賭注。

＊　＊　＊

榮岳說律師事務所打電話來約時間，和正然律師事務所聯絡過了。順手指著行事曆上的兩個時間說：「這兩個時間也都算過，不會有牽扯，吉利。」

兩個紅色的大圓圈，宛如結婚時貼在房門的雙喜字。他和葉雲結婚時新房門口貼了兩個紅豔的雙喜，葉雲一直捨不得撕下，直到兩年多，顏色變成粉紅色，掉了口，葉雲才用刷子刷掉。如果兩個圓圈象徵這次的選舉也是大吉大利就好了。

「你們安排就好了，細節都列好了嗎？待會兒拿給我，我再看一次。還有節目大綱給我，上次的子題不夠辛辣，記得儘量要來賓對立的感覺，這樣才吵得起來。」他懷念主持廣播節目閒扯的快樂，現在政論性的叩應節目也像八點檔，口味越來越重，小事得放大，節目進行時他還得煽動些情緒，讓兩派不同意識形態的來賓舌戰。

從他打開廣播電台的門，已有政界的門等著他開啟，他一直是這麼想，當然，婚姻這扇門也從此被關起來了。

葉雲就是短視，沒耐性，否則今日就是她和他共享成就。

「委員，要出發準備上節目。」榮岳敲著門提醒他時間到了，為了討吉利，兩個助理已改口叫他委員。他覺得他天生就是政治材料，不走政治這條路可惜了。

如果早幾年從政就更好了，機運啊！從一個代班播音員到今天，不過四、五年，他已成了小有知名度的政論性節目主持人。如果當年不要死心眼當作家，也不枉走這麼些年。

「委員，周刊要訪問您。」阿孟遞給他手機。

「我早已離婚，交女朋友很正當的事。」

是一家綜合性刊物，不問他想參政的理想，盡問些他交女朋友的事，還問他什麼時候離婚，怎麼離婚。分居了十幾年，不等於離婚嗎？

「委員您當年如何參加街頭運動？」

阿孟啊，你真是錯過那個風雲際會的年代啊。

青春的記憶從夐遠飄來，那真是美好的戰役。他輕輕拍阿孟的肩：問榮岳就知道了。

「葉小姐已經來了。」張律師的口氣有些抱怨他的遲到。

葉雲好像瘦了，顯得有些黑，卻顯得年輕。有多久沒有好好端詳她？葉雲的五官很漂亮，只是整日板著臉，像個門神。她朝他望了一眼，牽動了一下嘴唇，算是微笑吧。

「王先生，葉小姐對於離婚的細節沒什麼意見，贍養費她堅持要五百萬，另外加列了這一條，你看看。」

不得發表對葉雲個人不利之言論。

「我沒有啊！」他對葉雲發出埋怨之聲。

葉雲遞給他一疊有關於他的訪問文章。憤憤的說著：

「我跟你是談戀愛結婚的，不是相親，更不是為了你家的錢，另外跟你分居是因為你不斷的交女朋友，不是害怕你參加街頭運動，還有，你什麼時候參加過街頭運動？你要怎麼說，我不干涉，唯獨不可提到我。」

對於葉雲的憤怒，他不知該說什麼，相親和談戀愛結婚有什麼差別，還不都是離婚。他是參加過街頭運動，五二〇農民運動，他看熱鬧，一時情緒激動跟著走街，喊得比別人大聲，還跟著砸石頭，被警棍敲了頭腫了一塊。隔天一家支持黨外的報紙刊了一張他站在一個血流滿面的人的後面。

他特地到報社找那位攝取記者，要那張照片做紀念。那時被父親叨唸了三天，深怕有人來家裡搜查，葉雲倒沒說什麼，用酒揉他受傷的地方，問他痛不痛。他是參加過街頭運動，有照片為憑，解嚴後，他把照片放大掛在書房，現在掛在競選服務處。

「對了，離婚後，妳要搬出去，不能再住家裡。還有不能對外說我們離婚的事。」他要律師把這些也都列進去，至於五百萬，可不可以在離婚後三個月內付清。葉雲出乎意料地爽快的答應，他突然有些後悔，難不成葉雲有男朋友急著離婚，若是如此，也許不用五百萬，競選期間需要用錢，能省就省。

雙方列清細節，約好簽字時間，他問葉雲要不要送她回家，葉雲擺擺手，逕自離去。

*　*　*

再半個月就要簽字離婚，她卻還沒告訴爸媽。

入秋了卻仍熱得汗淋淋。善善過兩天就要到學校，陪他去找房子順道回高雄娘家，總要面對兩老的責怪，或者擔心吧。

去年婆婆過世後，她以為大概一輩子也走不出去這個家門。她突然想起善善小時候跟他說的童話故事《萵苣姑娘》，關了二十年，來解救她的不是白馬王子，她沿著自己的髮辮下塔，面對全然陌生的社會。那個她該等的王子，卻是一個小王子，一心一意只掛念他的玫瑰花，永遠的孩子，找不到回家的路。

她要走了，她不再是一棵菩提樹，她是塔外的萵苣姑娘，她的人生才開始。

她沒有找任何朋友，答應定生離婚是想解救自己，冷靜得連自己都害怕；這三天裡不知那來的勇氣和力量，為了善善偶爾來看她有房間住，她看了一間二十來坪的房子，兩房一廳，離市區近交通各方面都方便。這幾年婆婆心疼她偷偷塞了好幾次的錢，這些錢加上二十年來存下來的錢剛好可以付清五百多萬的新房子費用，贍養費就當養老金。新房子附近有家超市，她應徵了早班的收銀員，下午時間再去學點什麼，或者當義工也可以。公公那兒有印傭照顧，她可以放心，離婚了，她似乎也不該操太多心

四十五歲，邯鄲學步，她沒有太多的要求，步伐總是要踏出去。

* * *

下了場雨。稍稍澆退一些熱氣。他卻顯得心浮氣燥。葉雲這麼輕易的答應離婚，一定是有了男朋友，或者更早就有了，否則怎能對他交女朋友不聞不問？聽說她買了房

間，也找到工作，可見她早已盤算好。他越想越不是滋味，這個女人騙了他，若簽字離婚不是便宜了她，算了，選舉比較重要，他嘆了口氣，反正那五百萬也是父親出的。

「委員，電台的call out，就在線上。」榮岳指了閃著燈的二線。

「是，謝謝，我是在國外念了兩年的財經，可惜我父親中風，碩士學位沒拿到就回來，是，小時候家裡窮沒錢買紙筆，我都是用竹子在沙地練字，窮困出身才會了解社會大眾的需要。我前妻啊，她是能幹的女性，她有她自己的事業，我尊重她的選擇。」

「結婚？大概不會，我有中風的父親以及兒子要照顧，恐怕沒有哪個女人敢嫁給我。謝謝，現代新男性都該是這樣的。是，我曾經是作家對文化當然非常重視，蘇格拉底不是說過：『治國者當以文化為第一要務。』謝謝，搞政治也是要讀書的。當然，政治人物是要退出媒體，等我登記參選一定會辭掉電視主持人，當然，當然。感謝妳，謝謝妳的訪問，再見。」

他才掛完電話，榮岳就進來，一面遞給他晚上電視節目的大綱，一面小心翼翼的對他說：「委員，剛剛那句話是柏拉圖說的，對不起是不是我寫太草您看錯了。」

不是他看錯是記錯，他揮揮手：「沒關係，我們的聽眾聽不出來的，只要提到這些古聖賢，有誰會懷疑？對了，再多抄一些偉人的語錄給我，多少用得到。還有簽字的地點一定得保密，不能讓記者知道。」

＊　＊　＊

葉雲又瘦了，穿著時髦還化了淡妝，整個人十分亮麗，定生有點看呆了。戀愛中的女人，他恨恨的想著。

葉雲似乎感覺到定生異樣的眼神，這個多變的男人，希望他不要變卦。「我剛上班。」定生愛面子，葉雲刻意不在律師面前說自己只是個收銀員。

「恭禧，這麼快就找到自己的人生，沒想到離開我對妳有這麼大的幫助。」定生語中略帶醋意。

葉雲不知該如何回答，對於她這樣的處境，有什麼值得恭禧。只能笨拙的說著：「祝你高票當選。」

收下二百萬元的支票，葉雲確認無誤連同離婚協議書副本一併放入皮包。走出律師事務所，天空斜掛著太陽，微微的風拂捲著幾片落葉。葉雲這才驚覺這個宛如風箏的婚姻真的完全斷線了，空蕩蕩的令人想飛起來。

＊　＊　＊

「李琳，待會兒見。」他心情複雜的撥電話給李琳，像口被掏空的袋子，需要填補。掛完電話，他看到人行道上的葉雲，陽光照著她的背，水藍色的洋裝，彷彿一汪海洋亮燦燦的，浮盪在他心中。

讀後

問一 文學作品存在著一個必不可少的「敘述觀點」，也就是這則故事是「誰在感知？誰在敘述？」。敘述觀點分為第一人稱敘事觀點及第三人稱敘事觀點。而除了敘事觀點，作品中還有以某個角色為主要敘述的「聚焦人物」。請以此二點分析〈委員〉這篇小說書寫形式的特殊之處？

答一

問二 這篇小說反諷出當今政治人物的那些特質？

A+		A		A-		B+		B		B-		C+		C		C-	

答一

問二　葉雲和定生離婚後的人生走向有何不同？

答二

A+		A		A-		B+		B		B-		C+		C		C-	

實例篇

S.T

1 回

甲、母親的羽衣／張曉風

像故事中的小織女，每一個女孩都曾住在星河之畔，她們織虹紡霓，藏雲捉月，她們幾曾煩心掛慮？她們是天神最偏憐的小女兒，她們終日臨水自照，驚訝於自己美麗的羽衣和美麗的肌膚，她們久久凝注著自己的青春，被那份光華弄得癡然如醉。

而有一天，她的羽衣不見了，她換上了人間的粗布——她已經決定作一個母親。有人說她的羽衣被鎖在箱子裡，她再也不能飛翔了，人們還說，是她丈夫鎖上的，鑰匙藏在極秘密的地方。

可是，所有的母親都明白那仙女根本就知道箱子在那裡，她也知道藏鑰匙的所在。在某個無人的時候，她甚至會惆悵地開啟箱子，用憂傷的目光撫摸那些柔軟的羽毛。她知道，只要羽衣一著身，她就會重新回到雲端，可是她把柔軟白亮的羽毛拍了又拍，仍然無聲無息地關上箱子，藏好鑰匙。〈91年指定科目考試預試〉

分數

甲問 上文中的「羽衣」其實含有另一層意義，試加以說明。

甲答

乙、窗旁的人／林彧

「有一串鑰匙，放在口袋叮噹作響。菱形頭、圓形頭；銅製的、不鏽鋼製的；公寓大門、住家柵門、鐵門、臥室、書桌、保險櫃、汽車、摩托車，這些鑰匙沈重的在口袋中寂寞的敲擊著。還有一本記事本，密密麻麻的記載了一堆名字、住址、號碼，很少翻用，但也不敢丟掉，只是斷斷續續的添加一些人名和阿拉伯數字。

常有擾人的夢囈：夢見被一堆自砌的積木困住。〈91年北區聯合模擬考〉

乙問 上文中，「鑰匙」、「記事本」、「自砌的積木」除了字面的意思外，其實都有另一層的象徵意義，試用心揣摩，三者各以廿字內精簡之敘述，說明其象徵意涵。

乙答

2回

甲、蛇／馮至

我的寂寞是一條長蛇，
靜靜地沒有言語。
你萬一夢到牠時，
千萬啊！不要悚懼！

牠是我忠誠的侶伴，
心裡害著熱烈的鄉思：
牠想那茂密的草原——
妳頭上，濃鬱的烏絲。

牠月光一般輕輕地
從你那兒輕輕走過；

分數

牠把你的夢境銜了來，

像一只緋紅的花朵。〈86日大〉

甲問一 本詩是一首情詩，詩中之「鄉思」即「相思」之諧音，下列敘述最符合本詩詩旨的選項是 (A)描寫雙方熱戀之愛情 (B)描寫雙方相互之關懷 (C)描寫一己暗戀之情思 (D)描寫一己絕望之悲哀。（86日大）

甲答一

甲問二 詩人在詩中藉長蛇銜來「你」的夢境，委婉含蓄地表達出一種對「你」的心情，下列四則流行歌詞中，若僅就文意看，最接近詩人此種心情的選項是 (A)我選擇了你，你選擇了我，這是我們的選擇 (B)所有的愛情只能有一個結果，我深深知道那絕對不是我 (C)我多麼希望知道你的心裡怎麼想？年輕的心，是否擁有一樣的願望 (D)心中想的念的盼的望的不會再是你，不願再承受，要把你忘記。（86日大）

甲答二

甲問三

「長蛇」在詩中是詩人心靈世界恰切的喻物，這是透過什麼樣的特徵和習性而產生的情感聯結？〈改自86日大〉

甲答三

乙、我們天天走著一條小路／馮至

我們天天走著一條熟路
回到我們居住的地方
但是在這林裡面還隱藏
許多小路，又深邃、又生疏

走一條生的，便有些心慌，
怕越走越遠，走入歧途
但不知不覺，從樹林處
忽然望見我們住的地方
像座新的島嶼呈在天邊
我們身邊有多少事物
向我們要求新的發現；

不要覺得一切都已熟悉，
到死時摸摸自己的髮膚
生了疑問：這是誰的身體？〈2002年大陸高考〉

乙問一

作者通過「到死時撫摸自己的髮膚／生了疑問：這是誰的身體」表達了什麼樣的哲理？〈改自大陸2002高考〉

乙答一

乙問二 作者通過生活化的詩歌情境，給予人什麼樣的啟示？〈改自2002高考〉

乙答二

甲

1.午睡在雷聲中醒來，脆急沈厚的聲音響在囚房外。一場大雨應該就會接著而來的；我聞得出雨的味道。若在家鄉盛夏的平原上，這必是一番壯闊的景象：涼風、奔馳的陰雲以及稻田間頓時高昂起來的蛙鳴，然後父親可能就會穿起雨衣，扛著鋤頭，要掘水路去。（陳列）

2.下午大雨滂沱，霹靂環起。若非蕃薯田在家屋邊，近在咫尺，真要走不及。低著頭一心一意要把蕃薯蒂趕快摘完，霎時間，天昏地暗，抬頭一看，黑壓壓的，滿天烏雲，盤旋著，自上而下，直要捲到地面。這景況，在荒野中遇到幾回。只覺滿天無數黑怪，張牙舞爪，盡向地面來。四顧無人，又全無遮蔽，大野中，孤伶伶的一個人，不由膽破魂奪。（陳冠學）〈91年基本學測參考試題〉

甲問 上述兩段同樣描寫雨的散文，就兩者所用的技巧、描寫的意境來看，下列敘述不正確的選項是：

分數

(A)甲文善用白描手法；乙文善用誇飾手法
(B)甲文多長句，語氣舒緩；乙文多短句，語氣急促
(C)甲文的雨景屬回憶的情境；乙文的雨景屬當下的情境
(D)甲文表達出被囚時焦慮的心情；乙文表達出荒野中孤獨的心情〈90年基本學測預試〉

甲答

乙

1. 山中一夜飽雨，次晨醒來，在旭日未升的原始幽靜中，衝著隔夜的寒氣，踏著滿地的斷柯折枝和仍在流瀉的細股雨水，一徑探入森林的祕密，曲曲彎彎，步上山去。溪頭的山，樹密霧濃，蓊鬱的水氣從谷底冉冉升起，時稠時稀，蒸騰多姿，幻化無定，只能從霧破雲開的空處，窺見乍見即隱的一峰半壑，要縱覽全貌，幾乎是不可能的。（余光中）

2. 然後，薄薄的煙嵐開始出現，從北側的陳有蘭溪谷頭翻越上來。煙霧在草原上，在我的眼前飄飛輕舞。陽光篩透而過，亮光和淡影貼著草地流動變化追逐。我拿起筆記

本，低頭寫下我的感動。幾度抬頭間，霧漸濃，只是陽光仍在。但是大約十分鐘之後，待再抬起頭來，我卻赫然發現所有的景物都消失在瀰天蓋地的灰色濃霧中了。我也被包在其中，視線不及一公尺。我甚至於懷疑我應該朝那個方向走才能回觀高的小屋。（陳列）〈90年高雄女中模擬考〉

乙問 上述兩段同樣描寫霧的散文，就兩者所用的技巧、描寫的意境來看，下列敘述不正確的選項是：

(A)甲文表現出悠然祥和的意境，乙文隱然有處身山間濃霧中，略帶疑懼的心境
(B)甲文寫晨霧的幻化多姿，乙文寫午後霧氣由薄轉濃之迅疾
(C)對於光影霧氣的流動描寫，甲文善用短句，富節奏感；乙文善用轉化手法，十分生動
(D)兩文章皆以視覺來呈現霧的濃淡，也顯見1.文作者所見之霧濃於2.文。

乙答

寫在人生邊上序／錢鍾書

人生據說是一部大書。

假使人生真是這樣，那末，我們一大半的作者只能算是書評家，具有書評家的本領，無須看得幾頁書，議論早已發了一大堆，書評一篇可以寫完繳卷。

但是，世界上還有一種人。他們覺得看書的目的，並不是為了寫批評或介紹。他們有一種文明人的懶惰，那就是從容，使他們不慌不忙的瀏覽。每到有什麼意見，他們隨時在書邊的空白上註幾個字，或者寫一個問號，像中國書上的眉批，外國書裡的Marginalia。這種零星的隨感，並不是他們對於這本書整個的結論。因為是隨時批識，中間也許先後矛盾，說話過火，他們也懶得去理會。反正是消遣，不像書評家負有領導讀者教訓作者的大使命。誰耐煩做那些事呢？

假使人生是一部大書，那末，下面的幾篇散文只能算是寫在人生邊上的。這本書真大！一時不易看完，就是寫過的邊上也還留下好多空白。〈香港會考試題〉

分　數

問一

如果說「人生是一部大書」，那末，1.相對而言，作者和書評家之間，分別代表什麼？2.他們又有些什麼不同？

答一

1.

2.

問二

作者對所謂書評家的批評是讚賞呢？還是譏諷？試據原文說明你的觀點。

答二

問三

作者將他的書命名為「寫在人生邊上」，有什麼用意？

答三

5回

冬天之美（法）／喬治．桑

分數

我從來熱愛鄉村的冬天。我無法理解富翁們的情趣，他們在一年當中最不適於舉行舞會、講究穿著和奢侈揮霍的季節，將巴黎當作狂歡的場所。大自然在冬天邀請我們到火爐邊去享受天倫之樂，而且正是在鄉村才能領略這個季節罕見的明朗的陽光。在我國的大都市裡，臭氣熏天和凍結的爛泥幾乎永無乾燥之日，看見就令人噁心。在鄉下，一片陽光或者刮幾小時風就使空氣變得清新，使地面乾爽。可憐的城市工人對此十分了解，他們滯留在這個垃圾場裡，實在是由於無可奈何。我們的富翁們所過的人為的、悖謬的生活，違背大自然的安排，結果毫無生氣。英國人比較明智，他們到鄉下別墅裡去過冬。

在巴黎，人們想像大自然有六個月毫無生機，可是小麥從秋天就開始發芽，而冬天慘淡的陽光——大家慣於這樣描寫它——是一年之中最燦爛、最輝煌的。當太陽撥開雲霧，當它在嚴冬傍晚披上閃爍發光的紫紅色長袍墜落時，人們幾乎無法忍受它那令人眩目的光芒。即使在我們嚴寒卻偏偏不恰當地稱為溫帶的國家裡，自然界萬物永遠不會除掉盛裝和失去盎然的生機，廣闊的麥田鋪上鮮艷的地毯，而天際低矮的太陽在上面投下了綠寶石的光輝。地面披上了美麗的苔蘚。華麗的常春藤塗上了大理石般鮮紅的金色斑紋。報春花、紫羅蘭和孟加拉玫瑰躲在雪層下面微笑。由於地勢的起伏，由於偶然的機緣，還有其他幾種花兒躲過嚴寒倖存下來，而隨時使你感到意想不到的歡愉。雖然百靈鳥不見蹤影，但有多少喧鬧而美麗的鳥兒路過這兒，在河邊棲息和休憩！當地面的白雪像璀璨的鑽石在陽光下閃閃發光，或者當掛在樹梢的冰凌組成神奇的連拱和無法描繪的水晶花彩時，有什麼東西比白雪更加美麗呢？在鄉村的漫漫長夜裡，大家親切地聚集一堂，甚至時間似乎也聽從我們使喚。由於人們能夠沉靜下來思索，精神生活變得異常豐富。這樣的夜晚，同家人圍爐而坐，難道不是極大的樂事嗎？

〈2001大陸全國統一考試預測〉

問一 這篇散文中，1.作者認為鄉村的冬天之美表現在哪兩個方面？2.從中可以看出作者怎樣的生活態度？

答一 1.

2.

問一 第一段中，作者為什麼寫富翁們的巴黎生活？

答一

問二 最後一段寫道：「在鄉村的漫漫長夜裡，大家親切地聚集一堂，甚至時間似乎也聽從我們使喚。由於人們能夠沉靜下來思索，精神生活變得異常豐富。」請回答：1.它在文中起什麼作用？2.第一段中哪句話與它的內容相照應？

答二

1.

2.

問四 下列對這篇散文的賞析，正確的兩項是：

(A)這篇敘事散文對巴黎冬季景物的極力贊美，意在抒發作者那種發自內心對大自然的親近之感。

(B)文章分兩段，第一段是一種鋪墊，起陪襯作用，給讀者一個鄉村冬天是美好的總體印象，也讓讀者明白，「我」為什麼「從來熱愛鄉村的冬天」。

(C)作者在第二段裡描繪了一幅大自然的冬天的美麗圖畫，這些雖然都出現在鄉村，但生活在巴黎的人們也能想像並領略到。

(D)冬天的夜晚大家親切地聚集一堂，能夠靜下來沉思，「精神生活變得異常豐富」，文章到這裡由物情轉向人情，寫出了自然景物的美好，人情更加美好。

答四

6 回

子夜曇花／張錯

恩師過世。其子邀我去拿些物品，留作永久的紀念。於是，我去他家搬回一株曇花。

也許是對老師的感情難以割捨吧，總覺得世間萬物，包括花魂鳥魄，冥冥中可以沉默交流。人離開了，見不到了，但他在我心中，於是便存在。

曇花搬回來，靜靜緊靠屋檐下數月。自春入夏，人花無語，歲月無聲，只有偶然翠綠，顯示出它對環境的適應。新葉緩慢自舊葉中長出，黑斑漸褪，花樹重新有著雍容氣度，一如恩師的寡言性格，在低調行事風格中，始終帶著濃郁而清晰的自信。我對花樹沒有期待，它存在，我已心滿意足。

就在尋常一天，竟意外發覺曇花已垂首含苞了。

何等驀然而來的驚喜！不是花開花落，而是花的訊息。像久別的人，傳來心花怒放的約會，直教人朝夕期待。

分數

久聞曇花只開一夕，是最初一夜，也是最後一夜，充滿生命奮發與無常的哲理，便決心迎接它來臨的啟迪。

那幾乎是即時降臨，一旦發覺滿蕾的翌夜，便有如忍俊不禁的笑容，迫不及待地綻開。黑暗夜晚，潔白花朵，如冬天雪夜，沒有月光，星星也暗淡。它的來臨使人震撼，也使人驚惶。有一種漫步而來的綽約，以緩慢節奏，進入生命最燦爛點，也是最頹廢點，沒有一絲保留，像愛與死！

猶如一張昂首的臉，花容就是一世青春。然而此花與眾不同，它的才情志業極端隱秘，因而選擇了寂靜無人之夜，不屑在白日與紅塵爭艷。

它的步伐和黑夜一致。因而看花人必須有一顆聆聽的心，才會聽得到夜及花開的聲音。

它極端美麗。尤其在孤獨時，要在眾芳國裡遺世獨居，又是何等勇毅果決？花開之夕，遂自有清雅幽香。香隨夜轉濃，彌漫四周，有如昭告天下：在這一夜，全世界只有一種花香，為一個人。為了此夜，必須是另一朵花，另一種香。永遠沒有重複，像一段情，或一個名字。

它的性格極其剛烈。它幽雅絕俗，不只有意逃避四周繁華，甚至鄙棄熱鬧，喜歡冷清。

它一夜盡情綻開無悔。花期雖短，綻放姿態卻極為狂放，有一種壯士捨身之悲壯。

但每年花季有如轉世，無悔依然。

我隨即發覺，即使在短暫漆黑夜裡，它的笑容已日漸難以為繼，并帶著英雄疲憊。本來雪白如銀的花瓣，光芒四濺，幾可灼傷人目；而後卻慢慢蒼白如紙，只隱約露出些許其原來風骨神韻。這一張臉，我想我最熟悉，最會為之傷心垂淚。那不只是物傷其類，更是命運中許多注定的無法回轉與挽留。

生命的確如此！許多燦爛時光，有如曇花一現。花開剎那，如幻如夢，花不知自己在盛開，夢中人更不覺自己在幻夢。惟有夢醒花凋，方悉前塵過往。我知道今夜花會盡情怒放，正如黎明一定會來臨。

辭世恩師如此幻過，今日我也如此夢過，將來我的學生還會如此幻夢下去，最終我們便會一一走入夜裡。留下一生的紀錄，其實不過是花與夜的爭輝。〈北京東城區高三總複習模擬考〉

問一 作者寫到「我對花樹沒有期待，它存在，我已心滿意足」，繼而又寫到「何等驀然而來的驚喜！」1.作者「心滿意足」是因為：2.作者「驚喜」是因為：

答一 1.

2.

問二 作者說，「它的來臨使人震撼，也使人驚惶」，請根據文意談談這句話的含意。

答二

問三 這篇散文中，1.作者認為曇花與眾不同之處是什麼？2.最後一段的作用是什麼？

答三 1.

139

2.

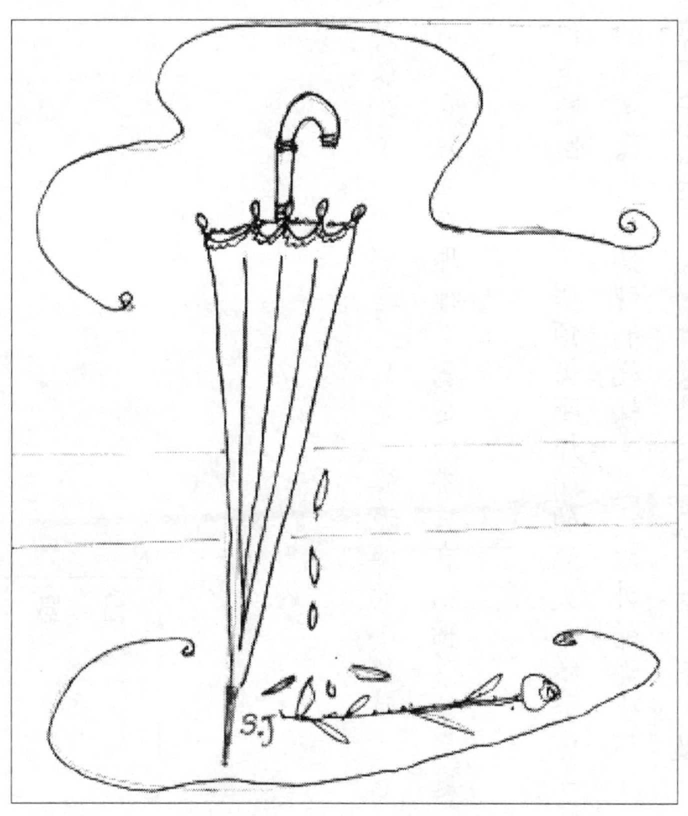

7回

那樹／王鼎鈞

分數

一、那棵樹立在那條路邊上已經很久很久了。當那路還只是一條泥濘的小徑時，它就立在那裡；當路上駛過第一輛汽車之前，它就立在那裡；當這一帶只有稀稀落落幾處日式平房時，它就立在那裡。

二、那樹有一點佝僂，露出老態，但是堅固穩定，樹頂像剛炸開的焰火一樣繁密。霉黑潮濕的皮層上，有隆起的筋和縱裂的紋，像生鐵鑄就的模樣。幾丈以外的泥土下，還看出有樹根的伏脈。在夏天太陽下挺著頸子急走的人，會像豬犬一樣奔到樹下，吸一口濃陰，仰臉看千掌千指托住陽光，看指縫間漏下來的碎汞。

三、鳥來了，鳥叫的時候，幾丈外幼稚園裡的孩子也在唱歌。

四、情侶止步於此。那樹，那沉默的樹，暗中伸展它的根，加大它所能蔭蔽的土地，一釐米一釐米的向外。

五、但是，這世界上還有別的東西，別的東西延伸得更快，柏油一里一里鋪過來，高壓線一千碼一千碼架過來，公寓樓一排一排挨過來，樹被一重又一重死魚般灰白色包圍，連根鬚都被壓路機碾進灰色之下，但樹頂仍在雨後滴翠，經過速成的新建築物襯托，綠得很深沉。

六、計程車像蝗擁來。「為什麼這兒有一棵樹呢?」一個司機喃喃。「而且是這麼老這麼大的樹。」乘客也喃喃。在車輪揚起的滾滾黃塵裡，在一片焦躁惱怒的喇叭聲裡，那一片清蔭不再有用處。樹旁的公共汽車站搬了，樹下的水果攤搬了，不遠處的幼稚園也要搬——看何處能屬於孩子。只有那棵樹屹立不動，連一片葉子也不落下。那一蓬蓬葉子照舊綠，綠得很。

七、樹是沒有腳的。樹是世襲的土著，是大地的效死者。樹離根，根離土，樹即毀灰。它們的傳統是引頸受戮，即使是神話作家也不曾說森林逃亡。連一片葉也不逃走，無論風力多大。任憑頭上已飄過十萬朵雲，地上疊過廿萬個腳印，任憑在那枝丫間跳躍的鳥族已換了五十代子孫，任憑鳥的子孫已棲息青山。當幼苗長出來，當上帝伸手施洗，上帝曾說：「你綠在這裡，綠著生，綠著死，死復綠。」啊！所以那樹，冒死掩覆將失去的土地，作徒勞無用的貢獻，在星空下仰望上帝。

八、這天，一個喝醉了的駕駛者，以60英里的速度，對樹幹撞去。於是人死。於是交通專家宣判那樹要償命。於是這天來了，電鋸從樹的踝骨咬下去，嚼碎，撒了一團白森森的骨粉。那樹僅僅在倒地時呻吟了一聲。這次屠殺安排在深夜進行，為了不影響馬路的交通。夜很靜，像樹的祖先時代，星臨萬戶，天象莊嚴，可是樹沒有說什麼，上帝也沒有。一切預定。一切先有默契，不再多言。

九、屍體的肢解和搬運連夜完成。早晨，行人只見地上有碎葉，葉上每一平方釐米仍綠——它果然綠著生、綠著死。清道婦一路揮帚出現。她們載著斗笠，包著手臂，是都市的寄生者，是樹的親戚。掃到樹根，她們圍著年輪站定看那一圈又一圈的風雨圖，估計根有多大，能分裂成多少斤木柴。

十、兩星期後，根被挖走了，為了割下這顆生滿虬鬚的大頭顱，劊子手貼近它做成陷阱，切斷所有的動脈靜脈。現在，日月光華，大道如砥，已無人知道有這麼一棵樹，更沒有人知道幾千條斷根壓在一層石子一層瀝青又一層柏油下悶死。

〈2002北京市海淀區高校模擬考〉

問一 第五段中「柏油一里一里鋪過來，高壓線一千碼一千碼架過來，公寓樓一排一排挨過來」作者這樣寫，意在表達什麼？

答一

問二 第七段中說樹「是世襲的土著，是大地的效死者」這句話的意思是

答二

問三 全文看，上帝對那樹洗禮時所說的話，有的實現了，有的沒實現。1.「沒實現」的是什麼？2.沒能實現的根本原因是什麼？

答三 1.

2.

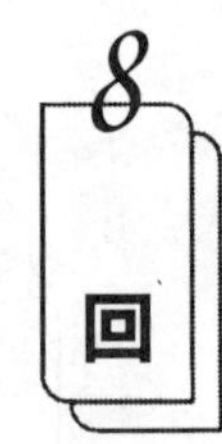

夜雨詩意（節選）／余秋雨

分數

漸漸，我對夜雨的詩意，有了一點新的思考。

記得幾年前我在廬山上旅行的時候，常常能在荒嶺草徑邊看到座座坍馳的屋基，從屋基的用料看，絕不是山民的居舍，而應該是精雅別墅的所在。不知是哪些富有的雅士詩興突發，要在此離群索居，獨享自然。然而，他們終於沒有久住，我想多半是因為無法消受荒山夜雨時可怖的氛圍。但毫無疑問，此間的詩意卻是無與倫比的充沛。

去年我遇到一位外國教授，閒談間竟也提到了夜雨。教授說，他也深深迷戀著這種詩意，所以特意在城郊的山頂造了一間考究的白木房子，只要有夜雨襲來，他就立即駕車上山。狼狽的腳步不見了，荒寂的恐怖不見了，只是在緊張生活的空閒親撫一下自然，一切是那樣的輕鬆和瀟灑。

在這裡，我們顯然遇到了一個美學上的麻煩。某種感人的震撼和深厚的詩意似乎注定要與艱難相伴隨，現代交通工具和營造手段使夜雨完全失去了苦澀味，其間的詩意也就走向浮藻。我至今無法適應在中國傳統的山水畫中加上火車、汽車和高壓電線，儘管我對這種文明本身毫無推拒之意。去一趟四川恨不得能買到當天的飛機票，但家裡掛的卻要一幅描畫山道奇險、步履維艱的「蜀山行旅圖」。

人類在與自然＿＿＿的漫漫長途中，a有時自然的暴力會把人完全吞沒，如地震、海嘯、泥石流，我們一時還很難從這些事端提取出美。人至少要在有可能與自然＿＿＿的時候才會釀造美，在這種＿＿＿中，有時人明確無誤地戰勝了自然，例如汽車、電燈、柏油路的出現，產生了一種輕鬆愉悅的美；有時人與自然＿＿＿得十分吃力，兩相憋勁，勢均力敵，那就會產生峻厲、莊嚴、扣人心弦的悲劇美。由於這種美襯托了人類嚴峻的生存狀態，考驗了人類終極性的生命力，因此顯得格外動人心魄。人類的生活方式可以日新月異，但這種終極性的體驗卻有永久價值。也許正是這個原因吧，歷史上一切真正懂藝術的人總會著迷於這種美學狀態，而希臘悲劇乃至種種原始藝術總是成為人類不衰的審美熱點。過於整飭、圓熟的審美格局反射了人對自然的戰勝狀態和凌駕狀態，可以讓人產生一種方便感和舒坦感，卻無法對應出一種生命考驗。為此，歐洲啟蒙主義的大師們不贊成法國古典主義的大一統，不贊成把人類的社會生活和藝術生活都處理成凡爾賽宮規整無比的園林一般。b他們呼喚危崖、怒海、莽林，呼喚與之相對應的生命狀態。這便是他們心中的詩意，狄德羅甚至直捷地說，人類生活越是精雅文明就越缺少詩意。〈2002大陸高校模擬試題〉

問一 填在空格中的詞最準確的一組是（ ）

(A)周旋 對峙 對峙 較量

(B)較量 對峙 對峙 周旋

(C)周旋 對峙 較量 對峙

(D)對峙 周旋 對峙 較量

答一

問二 「他也深深地迷戀著這種詩意」中「這種詩意」所指代的是＿＿＿＿（不超過18個字）

答二

問三 「漸漸，我對夜雨的詩意，有了一點新的思考。」句中「新的思考」的主要內容是（文中有，就以原文文字回答；如沒有，就用自己的話來回答。不超過30個字）。

答三

問四 本文中兩處畫波浪線是否前後矛盾？為什麼？

答四

問五 從下列詩文中選出與「夜雨的詩意」寓意相符的項（多項選擇）

(A)千淘萬漉雖辛苦，吹盡黃沙始到金。（劉禹錫《淘金沙》）

(B)不是一番寒徹骨，怎得梅花撲鼻香。（高明《琵琶記》）

(C)千磨萬擊還堅勁，任爾東西南北風。（鄭板橋《竹石》）

(D)浪花愈大，凝立的磐石在沈默的持守中，快樂也愈大。（《冰心文集・春水》）

答五

(E)歲寒，然後知松柏之後凋也。（《論語》）

9回 孔乙己／魯迅

魯鎮的酒店的格局，是和別處不同的：都是當街一個曲尺形的大櫃臺，櫃裡面預備著熱水，可以隨時溫酒。做工的人，傍午傍晚散了工，每每花四文銅錢，買一碗酒——這是二十多年前的事，現在每碗要漲到十文——靠櫃外站著，熱熱的喝了休息；倘肯多花一文，便可以買一碟鹽煮筍，或者茴香豆，做下酒物了，如果出到十幾文，那就能買一樣葷菜，但這些顧客，多是短衣幫，大抵沒有這樣闊綽。只有穿長衫的，纔踱進店面隔壁的房子裡，要酒要菜，慢慢地坐著喝。

我從十二歲時，便在鎮口的咸亨酒店裡當夥計，掌櫃說，樣子太傻，怕侍候不了長衫主顧，就在外面做點事罷。外面的短衣主顧，雖然容易說話，但□□□纏夾不清的也很不少。他們往往要親眼看著黃酒從罈子裡舀出，看過壺子底裡有水沒有，又親看將壺子放在熱水裡，然後放心：在這嚴重監督之下，羼水也很為難。所以過了幾天，掌櫃又說我幹不了這事，幸虧薦頭的情面大，辭退不得，便改為專管溫酒的一種無聊職務

分數

了。

我從此便整天的站在櫃臺裡，專管我的職務。雖然沒有什麼失職，但總覺有些單調，有些無聊。掌櫃是一副凶臉孔，主顧也沒有好聲氣，教人活潑不得；只有孔乙己到店，纔可以笑幾聲，所以至今還記得。

孔乙己是站著喝酒而穿長衫的唯一的人。他身材很高大；青白臉色，皺紋間時常夾些傷痕；一部亂蓬蓬的花白的鬍子，穿的雖然是長衫，可是又髒又破，似乎十多年沒有補，也沒有洗。他對人說話，總是滿口之乎者也，教人半懂不懂的。因為他姓孔，別人便從描紅紙上的「上大人孔乙己」這半懂不懂的話裡，替他取下一個綽號，叫作孔乙己。孔乙己一到店，所有喝酒的人便都看著他笑，有的叫道：「孔乙己，你臉上又添上新傷疤了！」他不回答，對櫃裡說：「溫兩碗酒，要一碟茴香豆。」便排出九文大錢。他們又故意的高聲嚷道：「你一定又偷了人家的東西了！」孔乙己睜大眼睛說：「你怎麼這樣憑空汙人清白……」「什麼清白？我前天親眼見你偷了何家的書，吊著打。」孔乙己便漲紅了臉，額上的青筋條條綻出，爭辯道：「竊書不能算偷……竊書！……讀書人的事，能算偷麼？」接連便是難懂的話，什麼「君子固窮」，什麼「者乎」之類引得眾人都哄笑起來；店內外充滿了快活的空氣。

聽人家背地裡談論，孔乙己原來也讀過書，但終於沒有進學，又不會營生；於是愈過愈窮，弄到將要討飯了。幸而寫得一筆好字，便替人家鈔鈔書，換一碗飯喫。可惜他又有一樣壞脾氣，便是好喝懶做。坐不到幾天，便連人和書籍紙張筆硯，一齊失蹤。如是幾次，叫他鈔書的人也沒有了。孔乙己沒有法，便免不了偶然做些偷竊的事。但他在我們店裡，品行卻比別人都好，就是從不拖欠；雖然間或沒有現錢，暫時記在粉板上，但不出一月，定然還清，從粉板上拭去了孔乙己的名字。

孔乙己喝過半碗酒，漲紅的臉色漸漸復了原，旁人便又問道：「孔乙己，你當真認識字麼？」孔乙己看著問他的人，顯出不屑置辯的神氣。他們便接著說道：「您怎的連半個秀才也撈不到呢？」孔乙己立刻顯出□□□模樣，臉上籠上了一層灰色，嘴裡說些話；這回可是全是之乎者也之類，一些不懂了。在這時候，眾人也都哄笑起來；店內外充滿了快活的空氣。

在這些時候，我可以附和著笑，掌櫃是決不責備的。而且掌櫃見了孔乙己，也每每這樣問他引人發笑。孔乙己自己知道不能和他們談天，便只好向孩子說話。有一回對我說道：「你讀過書麼？」我略略點一點頭。他說：「讀過書，……我便考你一考。茴香豆的茴字，怎麼寫的？」我想，討飯一樣的人，也配考我麼？便回過臉去，不再理會。孔乙己等了許久，很懇切的說道：「不能寫罷？……我教給你，記著！這些字應該記著。將來做掌櫃的時候，寫帳要用。」我暗想我和掌櫃的等級還很遠呢，而且我們掌櫃也從不將茴香豆上帳；又好笑，又不耐煩，懶懶的答他道：「誰要你教，不是草頭底下一個來回的回字麼？」孔乙己顯出極高興的樣子，將兩個指頭的長指甲敲著櫃臺，點頭說：

「對呀對呀！……回字有四樣寫法，你知道麼？」我愈不耐煩了，努著嘴走遠。孔乙己剛用指甲蘸了酒，想在櫃上寫字，見我毫不熱心，便又歎一口氣，顯出極惋惜的樣子。

有幾回，鄰舍孩子聽得笑聲，也趕熱鬧，圍住了孔乙己。他便給他們茴香豆喫，一人一顆。孩子喫完豆，仍然不散，眼睛都望著碟子。孔乙己著了慌，伸開五指將碟子罩住，彎腰下去說道：「不多了，我已經不多了。」直起身又看一看豆，自己搖頭說：「不多不多！多乎哉？不多也。」於是這一群孩子都在笑聲裡走散了。

孔乙己是這樣的使人快活，可是沒有他，別人也便這麼過。

有一天，大約是中秋前的兩三天，掌櫃正在慢慢的結帳，取下粉板，忽然說：「孔乙己長久沒有來了。還欠十九個錢呢！」我纔也覺得他的確長久沒有來了。一個喝酒的人說道：「他怎麼會來？……他打折了腿了。」掌櫃說：「哦！」「他總仍舊是偷。這一回，是自己發昏，竟偷到丁舉人家裡去了。他家的東西，偷得的麼？」「後來怎麼樣？」「怎麼樣？寫服辯，後來是打，打了大半夜，再打折了腿。」「後來呢？」「後來打折了腿了。」「打折了怎樣呢？」「怎樣？……誰曉得？許是死了。」掌櫃也不再問，仍然慢慢的算他的帳。

中秋過後，秋風是一天涼比一天，看看將近初冬；我整天的靠著火，也須穿上棉襖了。一天的下半天，沒有一個顧客，我正合了眼坐著。忽然間聽得一個聲音：「溫一碗酒。」這聲音雖然極低，卻很耳熟。看時又全沒有人。站起來向外一望。那孔乙己便在櫃臺下對了門檻坐著。他臉上黑而且瘦，已經不成樣子；穿一件破夾襖，盤著兩腿，下面墊一個蒲包，用草繩在肩上掛住；見了我，又說道：「溫一碗酒。」掌櫃也伸出頭去，一面說：「孔乙己麼？你還欠十九個錢呢！」孔乙己很頹唐的仰面答道：「這……下回還清罷。這一回是現錢，酒要好。」掌櫃仍然同平常一樣，笑著對他說：「孔乙己，你又偷了東西了！」但他這回卻不十分分辯，單說了一句「不要取笑！」「取笑？要是不偷，怎麼會打斷腿？」孔乙己低聲說道：「跌斷，跌，跌……」他的眼色，很像懇求掌櫃，不要再提。此時已經聚集了幾個人，便和掌櫃都笑了。我溫了酒，端出去，放在門檻上。他從破衣袋裡摸出四文大錢，放在我手裡，見他滿手是泥，原來他便用這手走來的。不一會，他喝完酒，便又在旁人的說笑聲中，坐著用這手慢慢走去了。

自此以後，又長久沒有看見孔乙己。到了年關，掌櫃取下粉板說：「孔乙己還欠十九個錢呢！」到第二年的端午，又說「孔乙己還欠十九個錢呢！」到中秋可是沒有說，再到年關也沒有看見他。我在現在終於沒有見——大約孔乙己的確死了。〈86大考中心試題舉例〉

問一 本篇小說透過什麼人的眼光來講述故事的情節：

(A)顧客 (B)掌櫃 (C)孔乙己 (D)小伙計

答一

問二 從文中可以推知，「我」「現在」的年紀是：
(A)十二歲 (B)二十多歲 (C)三十多歲 (D)文中並未明確交代

答二

問三 孔乙己窮苦潦倒的原因是：
(A)不知奉承 (B)自尊自大 (C)偷竊成性 (D)好喝懶做

答三

問四 下列選項，何者最適合用來形容孔乙己？
(A)妄自尊大 (B)食古不化 (C)無知盲從 (D)冥頑不靈

答四

問五 下列選項，何者最適合用來形容掌櫃？
(A)狐假虎威 (B)落井下石 (C)冷漠涼薄 (D)自命不凡

答五

問六 小說中直接控訴的制度是：
(A)階級制度 (B)家族制度 (C)經濟制度 (D)科舉制度

答六

問七 小說中孔乙己想教小伙計寫字，顯示出孔乙己性格中的那一特質？
(A)善良 (B)虛偽 (C)炫耀 (D)自大

答七

問八 孔乙己在孩子們想繼續要茴香豆時既已說了兩個「不多」，又說「不多不多，多乎哉？不多也」。作者想藉此顯示孔乙己性格中的那一特質？
(A)善良 (B)虛偽 (C)誠懇 (D)迂腐

答八

問九 「外面的主顧，雖然容易說話，但□□□□纏夾不清的也很不少」，句中缺空，根據上下文，最適合填入的選項是：

答九

(A)橫眉豎目 (B)嘮嘮叨叨 (C)盛氣凌人 (D)畏畏縮縮

問十

「孔乙己立刻顯出□□□□模樣，臉上籠上了一層灰色」句中缺空，根據上下文，最適合填入的選項是：

答十

(A)忿忿不平 (B)模稜兩可 (C)頹唐不安 (D)趾高氣揚

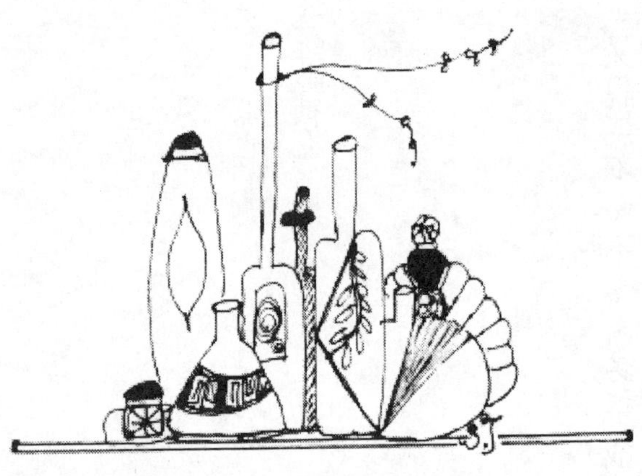

10 回

罔市的今日與昨日／林雙不

分數

罔市的今日

四十八歲的養雞場主人李有土在撿蛋時，忽然想起好多天沒有看到母親來吃飯了，便在瑟瑟的冷風中走回村子裡的老舊土角屋看看，才發現母親身子趴在竹床上，頭垂在床前，不知什麼時候，已然死亡了。

過了兩個鐘頭，雞蛋全部撿完後，李有土在暮色中拿著電話聽筒，要小村電信代辦處的接線生接兩通長途電話，一通打給在北臺灣大都市裡經營飲料製造廠的哥哥李有志，一通打給五十公里外的城裡開布店的弟弟李有財，通話的內容是母親亡故的消息，當天深夜，李有財開著臺製自用車回到小村，第二天午後，李有志也回來了，開的是亮閃閃的外國車。

兄弟三人聚集在養雞場，開始討論母親的喪事。李有志以大哥的身份首先提出理喪的原則：

「如今我們兄弟在社會上都算有名望的人了，喪事不能隨隨便便、青青菜菜，那樣會被社會上一般人看沒有。我們要隆重辦，要有派頭，場面要大。」

看看兩個弟弟點頭贊成，李有志接著提出技術性的問題：

「第一、訃聞寄發的對象，名單要開出來。不要有遺漏，不然會失禮。」

「各人先開各人的，好不好？」李有土問道。

「當然是這樣，」李有志同意：「大家都有不同的朋友。」

「香儀是各收各的，還是統一收？」李有財提出另一個問題。

「這樣，凡是我們李家的親戚或共同的朋友，香儀統一收。凡是各人的朋友，各人收。」李有志做了決定：「至於喪事支出部分，先支出統一收的，如果不夠，我們兄弟三人再平分。你們的看法怎麼樣？」

李有土和李有財都沒反對，李有志繼續提到喪事的其他細節：

「其次，喪事的各個部份都要好好計劃。請先生來擇日入殮、安葬、挑選購買材料、聘樂隊、大鼓陣、牽亡陣、五子哭墓團、做師公——」

「還要多請些職業孝子。」李有財打斷哥哥的話。

「什麼職業孝子？」李有土問。

「你真是住莊腳住傻了，」李有志為二弟解釋：「就是專門哭死人的。跟在棺材後面替真正的孝子孝孫哭，大聲地哭，悲傷地哭，哭完拿錢。這是工業社會的新頭路，聽說大月時，一個月每人可以賺六、七萬，小月還有二、三萬，比一般大學畢業的還要好賺。」

「而且不必繳所得稅。」李有財補充說。

「我明白了，」李有土嘴角閃過一絲微笑：「用電孵雞蛋。」

「也不完全對——這個現在不必多談，」李有志點了一根香煙：「反正就是盡量多找些職業孝子來哭，比較有面子。」

「葬在哪裡？」李有財另起話頭：「早點決定，請地理先生來看風水。」

「公墓！」李有土怕兄弟提議葬在養雞場，所以先發制人：「公墓交通方便。」

兄弟三人討論了三個多鐘頭，喪事的一切細節才算定案。沉默了一陣後，李有志清了清喉嚨，做了一個總結：

「莊內那塊厝地可以賣了。土角屋是沒什麼價值啦，但土地值錢。大概有兩百坪吧，至少可以賣一百萬，目前應該是這個價錢。賣掉後，三家平分。至於這六分地，目前有土在養雞，我和有財應該分的，有土你也儘快考慮一下。」

罔市的昨日

❖鏡頭一：二十五歲的罔市

熾熱的陽光像火燙的毒油，澆灌著臺灣島西部平原沿海的一個小農村。二十五歲的少婦罔市從土角屋裡一頭探進毒油裡，燒燙了似的，立刻又把頭縮了回去。隔了一陣，罔市又探出頭來，這次不但不再縮頭，還抱著幼子有財大步走出土角屋。毒油淋了她一身，影子在她腳底□□□□，幾乎看不見了。但是罔市露出了笑容，因為她看到她的丈夫牽著牛、扛著耙，沿著牛車路向土角屋走了過來。

罔市看著丈夫把牛拉進牛舍，便轉身走進土角屋，把幼子放回搖籃內，將一鍋番藷簽端到竹床旁的大桌上，然後叫長子有志幫忙拿碗筷，同時輕輕推了次子有土一把，說道：

「你阿爸回來了，快出去叫他來吃。」

有土一面叫著「阿爸」一面往外跑，幾秒鐘後，突然又跑回屋，慌慌張張地哭喊著：

「阿母！阿母！血！血！好多好多——」

罔市衝了出去，看見丈夫蹲在牛舍前，雙手摀住鼻子，血不斷沿著手指的隙縫往下淌，滴在火熱竭黃的泥地上。鼻血不停流下，像火辣的毒油不停灌下。年輕的罔市慌了手腳，三〇年代晚期偏僻的臺灣農村缺乏救命的設施。那一頓番藷簽，罔市的丈夫終於沒有吃到。罔市始終慌亂地唉爸叫母，一直到丈夫草草下葬，才默默地接過牛耙和六分田地。不過，夜深後，看到五歲的有志、三歲的有土和出生不到一年的有財併排睡在竹床上，罔市仍會慌亂地哭。

❖鏡頭二：三十二歲的罔市

警報響起的時候，正在番藷田裡翻籐（藤）的罔市急忙喊叫一起工作的長子有志，叫他先跑進左側的甘蔗園躲避：

「我回家看看！有土不知會不會帶有財去躲；有財還在發燒呢！」

發狂一陣奔向村子的罔市開始感到懊悔，就算有財發燒，也不應該把他留在家中！這一陣子美國人的飛機差不多天天轟炸臺灣島，罔市下田時，總是把孩子一起在去，即使要死，也要死做一堆！可是這天偏偏有財發燒了，怕帶去田裡又吹到風，不得已，只好留下有土在家照顧。罔市奔進村子，遠遠看見有土在土角屋前張望，急忙衝過去吼著問：

「有財呢？你站在這裡做什麼？」

「我在找有財啊！」滿頭大汗的有土慌張地回答著：

「剛剛我出去放尿，回來就看不見有財了。飛機快來了，我要找他去躲空襲！」

「誰叫你去放尿？」罔市一巴掌揮在有土臉上：「飛機要來了，你讓他跑出去！還不快去找！」

「罔市和有土在小村裡亂竄，除了刺耳的警報聲以外，小村一片可怕的寂靜。罔市跑著，頭髮散了。罔市跑著，眼淚成串滾落。子彈沒長眼睛，如果有財有個三長兩短，怎麼向他死去的父親交待？發著燒，能跑多遠？正想著，飛機低空掠過，射下一排子彈。罔市和有土跑著，呼叫著，張望著，最後在池塘邊，發現有財爬上一棵苦楝樹的枝椏。

「下來！快下來！你要死啦？」罔市站在樹下仰頭尖聲叫喊。

「阿母，我在看飛機。」

罔市三兩下攀上樹，一把抱下有財。回頭看到有土剛剛挨打的臉頰還留著明顯的掌印，不禁一陣心酸，順手拉過有土擁抱著，忽然感到天旋地轉，便慢慢蹲了下去。

飛機再度低空掠過，一排子彈掃下，正好掃過有土先前站立的地方。

警報解除後，村子裡年長一輩的阿華嬸婆在池塘邊碰到滿頭散髮、一臉水污的罔市，忍不住老話重提：

「罔市好，妳還少年，我勸妳再找個人嫁。歹年冬，也好有個人幫妳疼囝仔！」

「多謝妳，阿華嬸婆，」罔市嘎啞著聲音回答：「如果想再嫁，好幾年前我就答應妳了，不會等到今年三十二！」

❖鏡頭三：四十一歲的罔市

二十燭光的燈泡懸在樑上，在土角屋主灑下一層陰暗而模糊的微光。微光下，罔市坐在竹床上默默流著淚。低著頭站在床前的，是罔市的第三個兒子有財。有財似乎很想打破屋裡的沉悶，卻不知如何開口，於是不停地搓扭著手指頭，燈光的投影誇大了搓扭的動作，可是，連投影也是沉悶的。最後，罔市的聲音悠悠傳來，像從深邃的地層底部浮升上來的一般：

「不讀冊我反對！讀冊總是一個機會，讓你可能親像人，不必像你阿爸，做土牛，後來還——，我受拖磨沒要緊，我習慣了，自從你阿爸過世，十六年了，我哪一天不受拖磨？只要你正正經經，像你的兄長一樣，我艱苦就有目的了。你的心情我了解，不過要孝順我，以後有很多機會。你繼續讀冊，不要想東想西。我相信，如果你阿爸在生，也會這樣說。」

❖鏡頭四：七十歲的罔市

長久以來，罔市每個月搬遷三次。舊曆初一，從距離小村五十公里的城裡搬到北臺灣的最大都市；舊曆十一，從北臺灣的最大都市搬回小村；舊曆二十一，再從小村搬到五十公里外的城裡。罔市的三個兒子分別住在這三個地方。兄弟商量好了，每人每個月奉養老母一旬，時間一到就輪換，不管天氣是否有風雨，不管老母是否有病痛。罔市是青暝牛，一個人不會搭車，每次都要孫子或孫女帶路，帶久了，不要說孫子孫女煩，罔市本身也厭煩不已。還要加上旅途勞累，還要加上年老力竭，還要加上三個媳婦的臉色；不斷輪著輪著，定時推著推著，罔市覺得自己一顆沒有固定位置的棋——有時更強烈感到，不是沒有固定位置，而是沒有人要。進入七十歲以後，罔市決定不再搬遷了。八〇年代初期的春天三月，舊曆二十一應該離開小村時，罔市搬回老舊傾斜的土角屋，準備永遠住下去。照例應該接到老母的有財沒問什麼，應該交出老母的有土有意見。有土來到土角屋，叫老母去城裡：

「這裡怎麼能住？我養雞場那邊很忙，沒有人可以回來照顧妳，妳最好到有財那裡去。」

「我不需要照顧。我老了，沒法度來來去去了。你不要管我，我餓了自己去你的養雞場。如果你覺得讓我吃飯負擔太重，可以叫有財和有志把我的飯錢寄回來給你。」

有土覺得沒有辦法和老母溝通，就皺著眉頭回養雞場去了。回到養雞場，有土把這件事告訴太太，太太搖搖頭說：

「老番癲了，不要理她。不過叫有志和有財把她的飯錢寄回來倒是應該，等一下我再打電話跟他們講。」

電話很快打了。時間漸漸過去，有志和有財都沒有寄錢回來，也沒有多說什麼。天氣漸漸熱了，四十五年前屬於毒油的記憶一年一度重又回到罔市心中，罔市忽然很想買些已故的丈夫喜歡吃的東西來祭拜他。雖然已故的丈夫生前究竟喜歡吃什麼，罔市已經想不起來了，但她仍舊強烈希望買些東西，好好地祭拜一番。罔市盤算一下，需要五百塊。罔市危顫顫地走到村子北側的養雞場，想跟兒子要五百塊。

臨開口了，才想到這些年來從來不曾向兒子要過錢。一時之間竟然無法開口，支吾了一陣，由於祭拜亡夫的意願極為強烈，終於說了出來。有土訝異地反問老母：

「妳要五百塊做什麼？妳不缺吃不欠穿，要錢有什麼用？」

「你知道我就好，不要多問。」罔市不希望兒子知道自己的秘密，何況，從前有土年輕時向她要錢，她也很少追問用途。

「阿母，妳知道我手頭很緊，阿芬要學鋼琴，阿興、阿義要補英語和數學，每個月都要好幾千塊。而且……」有土眼珠一轉：「如果妳現在需要錢，照理說，應該向有志要。」

「那我就過幾天再向你要。」罔市發覺自己並不生氣，有點驚訝。春去秋來，不停運轉的棋子是什麼時候失去脾氣的？

春依然去，秋依舊來，到這年年尾瑟瑟的冬風吹起為止，罔市總共向有土要了十三次五百塊，始終沒有要到。〈86年大考預試〉

問一 本篇小說採用何種觀點來敘述故事的情節：

(A)第一人稱罔市的觀點 (B)第一人稱有土的觀點 (C)第三人稱全知觀點 (D)變換型的敘事觀點

答一

問二 下列選項，何者最適合用來形容罔市？

(A)保守固執 (B)儉吝無知 (C)善良認命 (D)溫婉嫻雅

答二

問三 依照小說內容所述，三十二歲時的罔市所處的年代應是：

(A)日據時代初期 (B)日據時代末期 (C)光復初期 (D)民國五十年代

答三

問四 根據小說，罔市死時的年紀應是：

(A)七十歲 (B)七十五歲 (C)八十歲 (D)無法由文中推知

答四

問五 下列選項，何者最適合用來形成本篇小說的文字風格？

(A)明朗奔放 (B)平淡節制 (C)嘲謔諷刺 (D)悲憤鬱悶

答五

問六 文中說「罔市總共向有土要了十三次五百塊，始終沒有要到」，顯示有土：

(A)慳吝成性，愛財如命 (B)善於理財，不隨便浪費 (C)公私分明，親兄弟明算帳 (D)敷衍罔市，事母非出真心

答六

問七 「毒油淋了她一身，影子在她的腳底□□□□，幾乎看不見了」，句中缺空，根據上下文，最適合填入的選項是：

(A)囁囁嚅嚅 (B)慌慌張張 (C)閃閃爍爍 (D)畏畏縮縮

答七

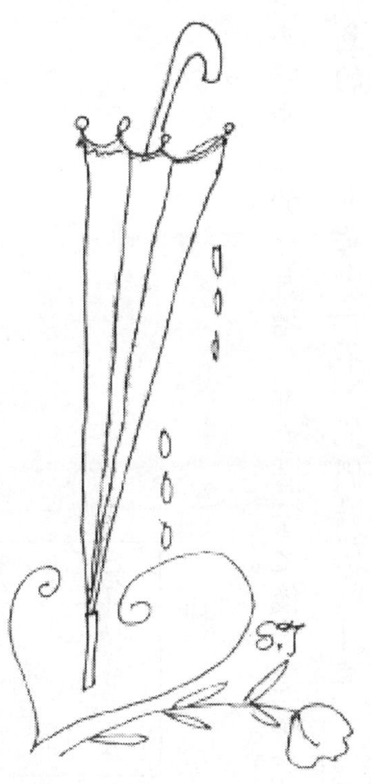

11 回

甲、長頸鹿／商禽

分數

那個年輕的獄卒發覺囚犯們每次體格檢查時身長的逐月增加都在脖子之後，他報告典獄長說：「長官，窗子太高了！」而他得到的回答卻是：「不，他們瞻望歲月。」

仁慈的青年獄卒，不識歲月的容顏，不知歲月的籍貫，不明歲月的行蹤；乃夜夜往動物園中，到長頸鹿欄下，去逡巡，去守候。〈86年大考中心預試〉

甲問一 青年獄卒到動物園守候在長頸鹿欄下，代表何種意義？

(A)獄卒與囚犯一樣愚昧 (B)獄卒也成為歲月的囚犯 (C)獄卒設法想使囚犯得到自由 (D)獄卒想了解囚犯脖子變長的原因

甲答一

甲問二 下列哪一選項最適合用以形容詩中的典獄長？

(A)溫和善良 (B)玩世不恭 (C)睿智沈著 (D)冷漠無情

甲答一

甲問二 本詩描述囚犯的脖子變長，違背常理，乃是作者運用文學技巧，以象徵的方式表達囚犯對自由的盼望。下列哪一選項也運用了相同的文學技巧？

(A)也是香的，要用心來聞。假的花，真的祝福（渡也〈緞帶花〉） (B)落葉完成了最後的顫抖／荻花在湖沼的藍睛裡消失／七月的砧聲遠了／暖暖（瘂弦〈秋歌〉） (C)俯耳地面／一顆顆頭顱從沙包上走了下來／隱聞地球另一面有人在唱／自悼之輓歌（洛夫〈沙包刑場〉） (D)四個下午的水聲比做四個下午的足音吧／倘若它們都是些急躁的少女／無止的爭執著／——那麼，誰也不能來，我只要個午寐／哪！誰也不能來（楊牧〈水之湄〉）

甲答二

乙、下午茶／簡媜

我以為美的是東方未明之時，我龘服蓬首的寤寐心情，或是于以采蘩，于澗之中的那一種肅敬，而人們卻說美的是我！造化天壤的風采，怎可讓我一人佔盡？我寧可躲開縈縈的流眸，去赴激揚之水的約，白石皓皓若然有情，我牽裳涉水，濕的不是素衣是我暗暗孤寂的心。遠處村煙那兒，有人驚呼河岸有著沈魚，我不管，趁著大化濤浪尚未流

逝，我只想洗淨心中的那一疋紗。〈90年指定考科預試題〉

乙問一 文中作者是模擬那一位古代美女的心境？
(A)貂蟬 (B)西施 (C)楊貴妃 (D)趙飛燕

乙答一

乙問二 「我只想洗淨心中的那一疋紗」意謂「我」期盼的是：
(A)清明素淨的心境 (B)難以挽回的戀情 (C)沉魚落雁的美感 (D)佩紫懷黃的光耀

乙答二

12回 鶴

陸蠡

在朔風掃過市區之後，頃刻間天地便變了顏色。蟲僵葉落，草偃泉枯，人們都換上了臃腫的棉衣，季候已是冬令了。友人去後的寒瑟的夜晚，在無火的房中獨坐，用衣襟裹住自己的腳，翻閱著插圖本的《互助論》，原是消遣時光的意思。在第一章的末尾，讀到稱讚鶴的話，就是鶴是極聰明極有情感的動物，說是鳥類中除了鸚鵡以外，沒有比鶴更親熱更可愛的了，「鶴不把人類看作是牠的主人，只認為是牠們的朋友」等等，遂使我憶起幼年豢鶴的故事。眼前的書頁便彷彿成了透明，就中看到湮沒在久遠的年代中的模糊的我幼時自己的容貌，不知不覺間憑案回想起來，把眼前的書本，推送到書桌的一個角上去了。

那是約莫十七八年以前，也是一個初冬的薄暮，弟弟氣喘吁吁地從外邊跑進來，告訴我哥兒捉得一隻鳥，長腳尖喙，頭有纓冠，羽毛潔白。「大概是白鶴罷，」他說。他的推測是根據書本上和商標上的圖畫，還參加一些想像的成分。我們從未見過白鶴，但

分數

是對於鶴的品性似乎非常明瞭；鶴是長壽的動物，鶴是能唳的動物，鶴是善舞的動物，鶴象徵正直，鶴象徵涓潔，鶴象徵疏放，鶴象徵淡泊……鶴是隱士的伴侶，帝王之尊所不能屈的……我不知道這一大堆的概念從何而來？人們往往似乎很熟知一件事物，卻又不認識牠。如果我們對日常的事情加以留意，像這樣的例子也是常有的。

我和弟弟趕忙跑到鄰家去，要看看這不幸的鶴，不知怎的會從雲霄跌下，落到俗人豎子的手中，遭受他們的窘辱。當我們看見牠的時候，牠的腳上繫了一條粗繩，被一個孩子牽在手中。翅膀上殷然有一滴血痕，染在白色的羽毛上。他們告訴我這是槍傷，這當然是不幸的原因了。牠的羽毛已被孩子們翻得凌亂，在蒼茫夜色中顯得非常潔白。瞧牠那種耿介不屈的樣子，一任孩子們挑逗，一動也不動，我們立刻便寄與很大的同情。我便請求他們把牠交給我們豢養，答應他們隨時可以到我家裡觀看，只要不傷害牠。大概他們玩得厭了，便毫不為難地應允了。

我們興高采烈地把受傷的鳥抱回來，放在院子裡。牠的左翼已受傷，不能飛翔。我們解開繫在牠足上的縛，讓牠自由行走。復拿水和飯粒放在牠的面前。看牠不飲不食，料是驚魂未定，所以便叫跟來的孩子們跑開，讓牠孤獨地留在院子裡。野鳥是慣於露宿的，用不著住在屋子裡，這樣省事不少。

第二天一早我們便起來觀看這成為我們豢養的鳥。牠的樣子的確相當漂亮，瘦長的腳，走起路來大模大樣，像個「宰相步」。身上潔白的羽毛，早晨來牠用嘴統身搜剔一遍，已相當齊整。牠的頭上有一族纓毛，略帶黃色，尾部很短。只是老是縮著頭頸，有時站在左腳上，有時站在右腳上，有時站在兩隻腳上，用金紅色的眼睛斜著看著人。

昨晚放在盂裡的水和飯粒，仍是原封不動，我們擔心牠早就餓了。這時我們遇到一個大的難題：「鶴是吃什麼的呢？」人們都不知道。書本上也不曾提起，鶴是怎樣豢養的？偶在什麼器皿上，看到鶴銜芝草的圖畫。芝草是神話上的仙草，有否這種東西固然難定，既然是草類，那麼鶴是吃植物的罷。以前山村隱逸人家，家無長物，除了五穀之外，用什麼來餵鶴呢？那麼吃五穀是無疑的了。我們試把各色各樣的穀類放在牠跟前，牠一概置之不顧，這使得我們為難起來了。

「從牠的長腳著想，牠應當是吃魚的。」我忽然悟到長腳宜於涉水。正如食肉鳥生著利爪而食穀類的鳥則僅有短爪和短小活潑的身材。像牠這樣軀體臃腫長腳尖喙是宜於站在水濱，啄食游魚的。聽說鶴能吃蛇，這也是吃動物的一個佐證。弟弟也贊同我的意見，於是我們一同到溪邊捉魚去。捉大魚不很容易，捉小魚是頗有經驗的。只要拿麩皮或飯粒之類，放在一個竹籃或篩子裡，再加一兩根肉骨頭，沈入水中，等魚游進來，緩緩提出水面就行。不上一個鐘頭，我們已經捉了許多小魚回家。我們把魚放在牠前面，看牠仍是赼趄躊躇，便捉住牠，拿一尾魚餵進去。看牠一直咽下，並沒有顯出不舒服，知道我們的猜想是對的了，便高興得了不得。而更可喜的，是隔了不久以後，牠自動到水盂裡撈魚來吃了。

從此我和弟弟的生活便專於捉魚飼鶴了。我們從溪邊到池邊，用魚簍、用魚兜、用網、用釣、用弶，用各種方法捉魚。牠漸漸和我們親近，見我們進來的時候，便拐著長腳走攏來，向我們乞食。牠的住處也從院子裡搬到園裡。我們在那裡掘了一個水潭，復種些水草之類，每次捉得魚來，便投入其間。我們天天看牠飲啄，搜剔羽毛。我們時常約鄰家的孩子來看我們的白鶴，向他們講些「鶴乘軒」「梅妻鶴子」的故事。受了父親過分稱譽隱逸者流的影響，羨慕清高的心思是有的，養鶴不過是其一端罷了。

我們的鶴養得相當時日，牠的羽毛漸漸光澤起來，翅膀的傷痕也漸漸平復，並且比初捉來時似乎胖了些。這在牠得到了安閒，而我們卻從遊戲變成工作，由快樂轉入苦惱了。我們每天必得捉多少魚來。從家裡拿出麩皮和飯粒去，往往挨母親的叱罵，有時把鶴弄到屋子裡，撒下滿地的糞，更成為叱責的理由。祖父恐嚇著把我們連鶴一道趕出屋子去。而最使人苦惱的，便是溪裡的魚也愈來愈乖，不肯上當，釣啦、弶啦，什麼都不行。而鶴的胃口卻愈來愈大，有多少吃多少，叫人供應不及了。

我們把鶴帶到水邊去，意思是叫牠自己拿出本能，捉魚來吃。並且，多久不見清澈的流水了，在牠裡面照照自己的容顏應該是歡喜的。可是，這並不然。牠已懶於向水裡伸嘴了。只是靠近我們站著。當我們回家的時候，也蹦跳著跟回來。牠簡直是有了依賴心，習於安逸的生活了。

我們始終不曾聽到牠長唳一聲，或做起舞的姿勢。牠的翅膊雖已痊癒，可是並沒有飛揚他去的意思。一天舅父到我家裡，在園中看到我們豢養著的鶴，他皺皺眉頭說道：

「把這長腳鷺鷥養在這裡幹什麼？」

「什麼？長腳鷺鷥？」我驚訝地問。

「是的。長腳鷺鷥，書上稱為『白鷺』的。唐詩裡『一行白鷺上青天』的白鷺。」

「白鷺！」啊！我的鶴！

到這時候我才想到牠怪愛吃魚的理由，原來是水邊的鷺啊！我失望而且懊喪了。我的虛榮受了欺騙。我的「清高」，我的「風雅」，都隨同鶴變成了鷺鷥，成為可笑的題材了。舅父接著說：

「鷺鷥肉怪腥臭，又不好吃的。」

懊喪轉為惱怒，我於是決定把這騙人的食客逐出，把假充的隱士趕走。我拳腳交加地高聲逐牠。牠不解我的感情的突變，徘徊瞻顧，不肯離開，我拿竹箠打牠，打在牠潔白的羽毛上，牠才帶飛帶跳地逃走。我把牠一直趕到很遠，到看不見自己的園子的地方為止。我整天都不快活，我懷著惡劣的心情睡過了這冬夜的長宵。

次晨踏進園子的時候，被逐的食客依然宿在原處。好像忘了昨天的鞭撻，見我走近時依然做出親熱樣子。這益發觸了我的惱怒。我把牠捉住，越過溪水，穿過溪水對岸的松林，復渡過松林前面的溪水，把牠放在沙灘上，自己迅速回來。心想松林遮斷了視線，牠一定認不得原路跟蹤回來的。果然以後幾天內園子內便少了這位貴客了。我們從此少了一件工作，便清閒快樂起來。

幾天後路過一個獵人，他的槍桿上掛著一頭長腳鳥。我一眼便認得是我們曾經豢養的鷺，我跑上前去細看，果然是的。這回彈子打中了頭頸，已經死了。牠的左翼上赫然有著結痂的創疤。我忽然難受起來，問道：

「你的長腳鷺鷥是那裡打來的？」

「就在那松林前面的溪邊上。」

「鷺鷥肉是腥臭的，你打牠幹什麼？」

「我不過玩玩罷了。」

「是飛著打還是站著的時候打的？」

「是走著的時候打的。牠看到我的時候，不但不怕，還拍著翅膀向我走近哩。」

「因為我養過牠，所以不怕人。」

「真的嗎？」

「牠左翼上還有一個傷疤，我認得的。」

「那麼給你好了。」他卸下槍端的鳥。

「不要，我要活的。」

「胡說，死了還會再活嗎？」他又把牠掛回槍頭。

我似乎覺得鼻子有點發酸，便回頭奔回家去。恍惚中我好像看見那隻白鷺，被棄在沙灘上，日日等候牠的主人，不忍他去。看見有人來了，迎上前去，但牠所接受的不是一尾魚而是一顆子彈。因之我想到鷺鷥也是有感情的動物。以鶴的身分被豢養，以鷺鷥的身分被驅逐，我有點不平罷。〈88大考預試〉

問一 文中陳述作者豢鶴的故事，請寫出其中心理的轉折變化及原因。（一百字左右）

答一

問二 文末提到鷺鷥：「以鶴的身分被豢養，以鷺鷥的身分被驅逐，我有點不平罷！」作者感到「不平」的根本原因是什麼？

答二

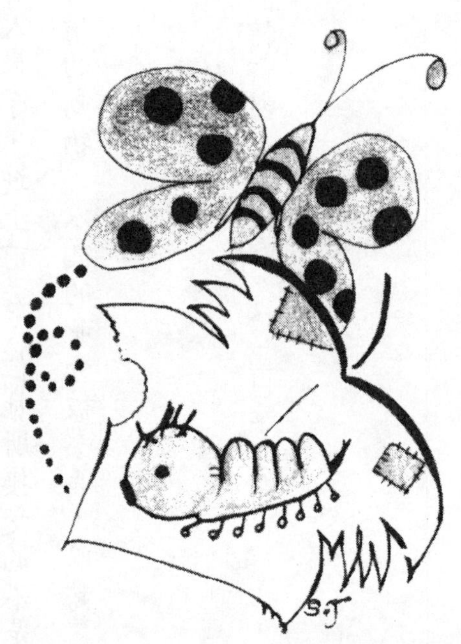
S.J

13回 永遠的門／邵寶健

分數

江南古鎮。普通的有一口古井的小雜院。院裡住了八九戶普通人家。一式古老的平屋，格局多年未變，儘管人們房內的現代化擺設是愈來愈多了。

這八九戶人家中，有兩戶是一人獨居——單身漢鄭若奎和老姑娘潘雪娥。

鄭若奎就在住在潘雪娥隔壁。

「你早。」他向她致意。

「出去啊？」她回話，隨即擦身而過。

多少次了，只要有人幸運地看到他和她在院子裡相遇，聽到的總是這幾句。這種簡單的缺乏溫情的重複，真使鄰居們洩氣。

潘雪娥大概過了四十吧。苗條得有點單薄，瓜子臉，膚色白皙，五官端莊。衣著雖時髦又很素雅。她在西街那家花店工作。鄰居們很不理解，這位端麗的女人為什麼要獨居，只知道她有權利得到愛情卻確確實實沒有結過婚。

鄭若奎在五年前步潘雪娥之後，遷居於此。他是一家電影院的美工，據說是一個缺乏天才的工作負責而又拘謹的畫師。四十五六的人，倒像個老頭兒了。頭髮黃焦焦、亂蓬蓬的，背有點駝。瘦削的臉龐，瘦削的身軀，只有那雙眼睛大大的，爍閃著年輕的光，爍著他的渴望。

回家的時候，他常常帶回來一束鮮花，玫瑰、薔薇、海棠、臘梅，應有盡有，四季不斷。

他總是把鮮花插在一只藍得透明的高腳步花瓶裡。

他沒有串門的習慣，經常久久地呆在屋內。有時他也到井邊，洗衣服，洗碗，洗那只透明的藍色高腳花瓶。洗罷花瓶，他總是斟上明淨的井水，噘著嘴，極小心地捧回屋子裡。

一道厚厚的牆把他和潘雪娥的臥室隔開了。

一只陳舊的一人高的花竹書架貼緊牆壁置在床旁。這只書架的右上端，便是那只花瓶永久性的所在。

除此之外，室內或是懸掛，或是旁靠著一些中國的、外國的，別人的和他自己的畫作。

從家具的佈局和蒙受灰塵的程度可以看得出，這屋裡缺少女人，缺少只有女人才能製造得出的那種溫馨的氣息。可是，那只花瓶總是被主人擦拭得一塵不染，瓶裡的水總是清清洌洌，瓶上的花總是鮮豔的、盛開著的。

同院的鄰居們，曾經那麼熱切地盼望著，他捧回來的鮮花，能夠有一天在他的隔壁——潘雪娥的房裡出現。當然，這個奇蹟就從來沒有出現過。

於是，人們自然對鄭若奎產生深深的遺憾和綿綿的同情。

秋季的一個微雨的清晨。

鄭若奎撐著傘依舊向她致意：「你早。」

潘雪娥撐著傘依舊回答他：「出去啊？」

傍晚，雨止了，她下班回來了。卻不見他回家來。

即刻有消息傳來：鄭若奎在單位的工作室作畫時，心臟跳搏異常，猝然倒地，剛送進醫院，就永遠地睡去了。

這普通的院子裡就有了哭泣。

那位潘雪娥沒有哭，眼睛委實是紅紅的。

那只大大的綴滿各式鮮花的沒有輓聯的花圈，是她獻給他的。

花圈。一只又一只。

這個普通的院子裡，一下子少了一個普通的生活裡沒有愛情的單身漢，真是莫大的缺憾。

沒幾天，潘雪娥搬走了，走得匆忙又唐突。

人們在整理畫師遺物的時候，不得不表示驚訝了。打開鎖著的房門，他的屋子裡儘管到處灰濛濛的，但那只花瓶卻像不久前被人擦拭得空心似的，明晃晃，藍晶晶，並且，那瓶裡的一束白菊花，沒有枯萎。

當搬開那只老式花竹書架的時候，在場者的眼睛都瞪圓了。門！牆上分明有一扇紫紅色的精巧的門，門拉手是黃銅的。

人們的心懸了起來又沈了下去。原來如此！

鄰居們鬧鬧嚷嚷起來。幾天前對這位單身漢的哀情和敬意，頓時化為烏有，變成了一種不能言狀的甚至不能言明的憤懣。

不過，當有人伸手想去拉開這扇門的時候，「哇」地喊出聲來——黃銅拉手是平面的，門和門框平滑如壁。

一扇畫在牆上的門！（選自《微型小說選刊》，1995年7期，有改動。）

〈2001北京宣武區第二學期第二次質量測驗〉

問一 結合全文，簡要分析小說開篇的環境描寫有何作用。

答一

問二 小說中的人物鄭若奎去世後，作品寫道：「這個普通的院子裡，一下子少了一個普通的生活裡沒有愛情的單身漢，真是莫大的缺憾。」這裡的「莫大的缺憾」是針對什麼而言的？

答二

問三 縱觀全文，推動這篇小說情節發展的線索是什麼？請結合作品對這條貫穿全文的線索作簡要說明。

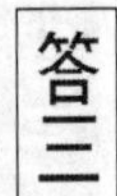

答二

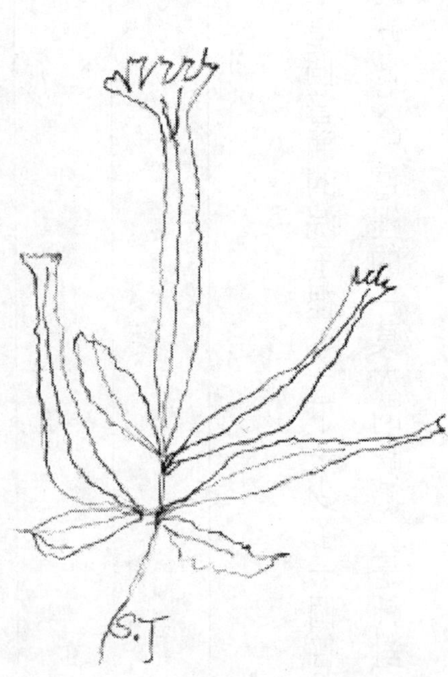

答案篇

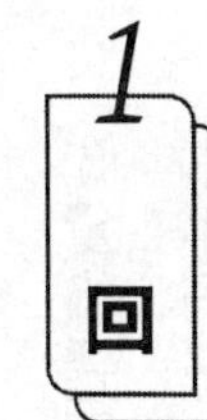

答一 降低格數意味孤獨少年面對自己暗戀對象時的膽怯卑微。（正如戀愛中的張愛玲曾在自己照片背後寫著：「見了他，她變得很低很低，低到塵埃裡，但如她心裡是歡喜的，從塵埃裡開出花來。」）

答二 這是一首暗戀的情詩。由第一行的刻意降低格數，以及「孤獨」與「她的笑聲……」的形象對比都可見一斑。而最鮮明的暗戀意象在於末二句，既然「我不是一座開著門的電話亭」所以「銀角子」絕對不會青睞親近，甚至根本不會看見自己的存在，少年只能獨自啃噬「連小小的小小的一枚企望，都不能投入」的痛苦絕望。

答三 她是個明朗、活潑、美麗且好人緣的陽光女孩。甚至，你可以誇張的將她想成是一個「萬人迷」，與孤獨怯懦少年的慘白絕望戀情，做極強烈對比。

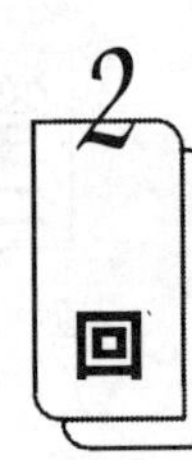

答一

1. 譬喻修辭或轉化修辭。

2. 「髫鬚」指長久及膝，未除的青草。

答二

作者伸手到溪中撈一朵粉紅色芙蓉花而未果，孩子們看見他溼漉漉的手，問他抓什麼，他順口回說：「秋天」

答三

1. **文中我最喜歡的「視覺描摹」**（文中有多處漂亮的視覺描摹，答案可自由任擇一）。

(1)溪水流過青綠的平原，堤防也跟著蜿蜒前去。

(2)溪流彎過去，堤跟著彎過去，溪流彎過來，堤也跟著彎過來，一路捉著迷藏似的彎來彎去。

(3)黛綠透明的水流，宛如精緻的水晶，宛如可口的果凍。

(4)平野裡，綠稻尖上，穗穗綴著淡黃穀粒，輕風翻著看，翻過來翻過去，彷彿一片黃綠盪漾的波光，一望無垠的向四方推展開去。

2. **文中我最喜歡的「聽覺描摹」**。

(1)在流過廢棄的舊橋墩特，特別激昂，水聲輕快悅耳。

3. **文中我最喜歡的「嗅覺描摹」。**

⑴有個農夫在綠茫茫的田裡噴灑農藥，使空氣中浮動一股刺鼻的氣味，直到我們駛過很長一段距離才消失。

⑵有些路段白色的薑花在兩側成簇的開放，芳香瀰漫。（此句視覺兼聽覺描摹）

（老師可補充：「太陽是個極具耐性的垂釣者，溫和的照遍廣袤的平野」是觸覺描摹）

答一　每個人面對「座位」的不同心態，象徵人性的多樣多面。桃園上車的年輕人，理直氣壯，但情理的比重，完全偏向「理」而忽略了「情」；新竹上車的女孩有著善良、體貼及完全不求人知的付出精神；一直站著的中年人，富有為不平事仗義的熱心；至於中年夫婦則是典型的自私利己；附帶也可以一提臺中上車的高中生，那不就是一幅少不更事、粗枝大葉的寫照。

答二　此句意指在此大千世界，關於人性的故事將不斷上演，永不落幕。

答三 「女孩在臺中下車，月臺上，和她的行李結構成一幢龐巨的背影。」。「龐巨」不單指女孩拎提大宗行李的背影，還包含作者對女孩無私高貴行徑的敬意，亦即因為有了敬意，女孩在作者心目中顯得非凡、巨大。（有人認為，凡文學皆「有我」，不可能「無我」。）

4 回

答一 〈海燕〉只用視覺描摹海天景色；魯彥描摹雪景，用的是「五覺相通」。（又稱「通感」或「移就」）雪花密集飛舞的景象是視覺，但作者不但使用視覺描摹，還用聽覺、觸覺（溫暖的太陽）、嗅覺來描繪視覺，描摹是寫作的基本工，通感則呈現藝術手法，使文章特殊，有變化。

答二 那味道，就幾乎可以用眼睛看到——那順順滑溜的觸覺味覺。

答三 〈困局〉一文只敘述過程，並未特意運用描摹的手法。因為題目是「困局」，而豆花店老闆因自以為是的決定，造成生意下滑、身陷困局的過程，已將全文主旨清晰表達，不一定非刻意描摹凸顯豆花的美味或放大、特寫任何場景不可。

答一 「青鳥」象徵幸福、光明、良善、誠信等正向質素。

「蝙蝠」象徵陰暗、猙獰、狡詐、愚弄等負向質素。

答二 那柔和、有力的聲音告訴作者，不要只凝視自己的欠缺與失落，要懂得回過身來，數算自己豐富的擁有。就如一個有缺口的圓，除卻缺口部份，其它仍是最真實的存在。

答三 作者用紫藤投射自己，充份展現以景襯情的效果。前文，紫藤與不如意的作者「在秋風中互訴哀愁」，在作者眼中，紫藤有「一份淒淒艷艷的韻味」，訴說的全是作者自己的心情；文末，紫藤則與作者陰霾盡掃的心情和悅相映：「那些在秋風裡猶為我綠著的紫藤」、「那些葉片在風裡翻著淺綠的浪，如同一列編磬，敲出很古典的音色。我忽然聽出，這是最美的一次演奏，在整個長長的秋季裡。」

除此之外，「紫藤柔柔的鬚莖開始在風中探索」一幕，也為作者帶來「生命是一種探險」的啟示。「探險」意味有收穫亦有風波、有圓滿亦有缺陷，人又何必只著眼於醜陋與陰暗的一面？此一啟示與本文主旨深切扣合，而紫藤也已然是作者的化身，物我相合為一。

答一　由共撐一把傘，傘外雨珠似星光，車窗外晶紅亮綠飛騰的景象，看出兩人彼此相悅，正墜入星光亂夢的情網。

答二　1.這句話意指，男子在情感上，對已得到的就不加珍惜，而沒得到的，反而永遠因距離而在記憶中永保珍貴美好。

2.這句話意指，一般人的一生，難免遭受挫折、失敗，比較豁達一些的，頂多是能就勢將挫折失敗看做一種提昇、考驗，而賦予挫折失敗正向的生命意義，就如將扇面的血跡，順勢點染成一枝桃花。但振保卻一生順遂，且前途充滿光明。

答三　流蘇想通了也看透了，決定由長期的欺壓中反撲，她要善用自己的美麗，去做一件非份的、使壞的事。（附註：流蘇打定主意要去搶原先要介紹給她妹妹的男子范柳原。）

答四　1.這句話誇張了證婚人的演說時間太長，連「新」人都變「舊」了。

2.棠倩是個已過適婚年齡的女子，急欲在這場婚禮中，尋覓適當的對象，她快樂、撒野的叫聲，將紅綠紙屑丟向男儐相妻三多，都是為了引起這位單身男子的注意。

答五 由不斷對「什麼是真？什麼是假？」的質疑，以及跌蹌奔上樓的動作，看出七巧對命運抗議、怨懟的激烈性格。

長安則感覺自己像從高樓上，望著心愛的人正與自己別離，一如第三者看著別人的故事而無法干涉，這是一種最深沈無力的悲哀，「靜靜跟著」、「稀有的柔和」、「遠遠站定」都意味她連面對事情大哭大鬧的能力也失去，由此得見，長安懦弱、認命的性格。

7 回

答一 象徵、比喻是寫詩的基本技巧，作者以水域比喻「人類的居住空間」，用船比喻「公寓」。

答二 這句詩表達人口愈來愈稠密，屋舍房宇櫛比鱗次日漸近密，人類的居住環境於是愈來愈狹隘擁擠而形成壓力，人與人的距離也因太過靠近而起摩擦風波。

答二 以居住在面面相覷，侷促狹迫公寓裡的「人」而言，無法看到遼闊藍天，抬頭只能看見被切割過後殘餘的一小塊天空，無異於置身深井裡，抬頭只能看見井口大的天空。而這口井充滿壓力、窒迫、風波、摩擦，是一口多麼不快樂的憂深的井啊！

8回

答一 「桐花祭，祭的是原鄉與異鄉，祭的也是父親和父親的年代」，這才是本文的主體。南庄油桐花只是緣起，著墨不多以免喧賓奪主。

答二 父親講「湖南梨子」故事時繪聲繪影，生動得彷彿在眼前，然而，自湘江至浯江，在異鄉談及的故鄉舊事，全是看不見、摸不著的記憶，無論距離或歲月，畢竟都是一種遙遠。

答三 1.兩則引用，一為范文芳〈桐花詩〉的引文；一為父親講述的「油桐子」故事的引言。

2.〈桐花詩〉與「油桐子故事」之間的關聯在於「阿爸過身」這四個字，經由詩中的這一句，自然帶出已逝父親的油桐記憶。

9 回

答一 1.一樣寫晚霞夕照，茅盾用的是各種描摹手法；林清玄則寫晚霞的聯想。
2.起筆的方式，〈黃昏〉一文由夕陽的背景著筆，先寫海、寫浪、寫白鷗、寫風，再以此襯托出「半輪火紅的夕陽」；〈一炷晚香〉落筆就是「有時候我看到晚霞」，直接寫出主題。

答二 茅盾的〈黃昏〉含時間的流動感。
由「滿海全是金眼睛」到「金眼睛攤平為暗綠的大面孔」到「夜的黑幕沈重地將落未落」到「在夜的海上，大風雨來了」，是一段由黃昏到夜晚的海景描繪。

答三 1.〈黃昏〉一文，用兩種面相寫晚霞，作者用的是對比手法。
2.〈一炷晚香〉中，作者以晚霞呈現境隨心轉的意念。晚霞本來是超然無情的，賦予它美好、殘缺、各種故事與可能的，全是人心的憂喜，以及無邊的想像。

答一 透過「慘烈」、「誅滅十族」、「激越底中國文學革命」、「生時隕首，死去時結草」、「不勝犬馬怖懼之情」、「不哭者是不孝」、「樂歪了」、「瘋了」這些詩句的描繪，可以知道方孝孺、胡適、李密、范進等人，儘管遭遇的事件不同，但或是激昂澎湃、或動人肺腑、或撞擊人心，都屬大開大闔、可歌可泣的生命型態。

答二 無論如何悲壯慘烈、血色鮮麗的生命形象，落在一群升學主義桎梏下，明星中學的學生眼中，只不過是考試的題目。這是文學上造成張力的強烈對比。

答三 1.「明星中學」意味優質學生的熱門取向，但如果感動力稀薄，所有的關注與學習只為「這一題，會不會考」，那所謂「優秀學生」不過是一部「考試的機械」。

2.「國文教員」本是人文教育的擔綱者，「明星中學」裡的「國文教員」，相對意味人文素養及專業能力的優越，但在功利主義充斥的教育環境下，所有情意的陶冶都不必要，「國文教員」無異於「教書匠」，很無奈的淪為猜題者或分數供給者罷了。

11回

答一 這一段寫七月節放水燈，充滿神秘、譎異、陰森的情調，因此「幽藍」、「怪異」使整段情調更統一，呈現措詞遣字的質地。

答二 水燈悼祭死去的人、逝去的戀情，不再的青春，亦即悼祭所有遠去不再的美麗存在。所以「你」可以是昔日戀人，可以是自己生命中的所有過往。

答三 作者一直用人看水面水燈的俯角，及看岸上行人的平視角度描摹景物，但是「水燈飄於靜靜的波浪之間，且讓亡魂錯望為爍爍星河。」一句，陡然換為亡魂的仰角視覺。

12回

答一 1.文中雙主線，一為華老栓為兒子小栓尋求活命的血饅頭；一為革命烈士夏瑜的被捕遇害。其情節進行過程如下：

華老栓為兒子小栓的癆病找藥	→	小栓吃血饅頭	→	小栓死亡
革命烈士夏瑜被捕	→	夏瑜的血浸濡饅頭	→	夏瑜死亡

2.雙主線交集處，一為物，即血饅頭；烈士的血餵養小栓。二為場景，小說第三節，華老栓的茶館。由茶館裡眾人的對話，明白交待出革命烈士夏瑜的故事、小栓的病，以及兩者的牽連。

答二 1.包含夏瑜的母親在內的廣大民眾，都認為參加革命是一件該殺頭的極其見不得人的事，所以一遇到人，便躊躇羞愧。

2.出於母愛的本能天性，所以夏瑜的母親即便羞愧、躊躇，終也走上前去為兒子掃墓祭拜。

答三 1.**烈士的血，淪為癆病的藥，用以象徵：**人民的無知，正是革命失敗的原因。

2.**夏瑜固然犧牲，小栓一樣也沒能活命，用以象徵：**革命若失敗，人民也永遠沒有改變命運的可能。

3.**華大媽與夏瑜母親的相遇、相憐、結伴而行，用以象徵：**廣大人民與革命事業相互依存，作者寄望兩者匯聚成一股力量，必能帶來石破天驚的成功。

4.**夏瑜墳上的花，不是自然開長的，而是有人獻祭的，用以象徵：**革命烈士並不寂寞，雖然拋頭顱、灑熱血而不被了解，終究後繼有人，精神不死。

5.**烏鴉不停棲墳頂，反而直向遠處天空，箭也似的飛去了，用以象徵：**烈士為革命獻身，根本無涉「冤不冤枉」、「報不報應」的問題，捨身只為迎向更高遠的一個目標，一個充滿希望的，寬廣的未來。

6.**華家與夏家用以象徵：**華夏民族。

13回

答一　作者用春天的反常現象，寫台灣社會的荒謬、逆轉、顛倒、無序。

答二　1.「多顏色」象徵各種不同；「毒品」指沉溺其間而不自知，最終會帶來毀滅。因此，此詩句意指，台灣社會走向多元化之後，不但未能實踐「尊重不同」的民主精神，反而在各種議題上打擊不同、剷除異己，產生更大的紛爭混亂。(比如意識型態對立、政黨鬥爭

（最具體的「多顏色」——藍、綠、黃）、族群問題等集體性認知差距，終將使台灣遭受重創。）

2.此句意指，在乖逆、瘋狂的社會，人類已等同非理性動物，本來自詡「萬物之靈」，但所作所為的愚昧、顛倒，連猴子、狗都不如，實為「萬物之末」。

答二 「贋幣」買的「假護照」，「虛假」得多麼澈底，這句詩，讓「人們無視於我的存在」，始終與荒謬社會格格不入的「我」，突然軟弱疲乏，承認身處虛偽乖違社會，其實人性全都變質走味，無一人可倖免，包含自己在內。「春和景明的春天」、「志同道合的朋友」，所有真理、光明，全在他鄉，「我」苦苦出國尋找，然而，「我」已然不是原來的「我」了，這不也是一樁更大的荒謬及悲哀。

14 回

答一 雕像是立體不動的。首段是老作家一整個初夏清晨，曦光下坐在竹製躺椅上抽煙看書的靜默不動身影，給予作者的恍然錯覺。

而雕像又可看做靜止而永恒，或者是寫入歷史富意義性的人物。末段「老作家真是一尊雕像」，既指老作家在作者心目中的永恒不滅；亦指老作家已然是載入史料的重要文學家。

答二 顯示兩人生命的空白交集，使當時未涉台灣歷史的作者對老作家的話題，不了解也不感興趣。

答三

前	後
錯覺的雕像	永恆的雕像
生活中有白霧、香椿、茶花、水塔、孤挺花、太陽菊的花園景象	回憶中相同的花園景象
老作家兩個孫女走入白色小霧	老作家兩個孫女正迎面而來
自己是一隻尋找陷阱的野獸	漸漸走出昔日自設的陷阱
並不瞭解老作家及他的年代	讀完老作家的一生，溶入他的思想
生活寂靜的年少	奔馳疲累的中年

15回

答一 描寫大海的晶瑩剔透、光潔、神秘、無垠並永恆。

答一　1.〈料羅灣的漁舟〉少去最後一段，只呈現一幅優美的海景，佈局著藍寶石般的海灣、澄澈無垠的海洋，及靜靜停泊的彩紋漁船。多了最後一段，文章由純粹的景致描繪，提昇而為對生命的深刻感悟，由抒情走至哲理，也由個人的獨特經驗轉而為可共鳴的，普遍而共同的生命經驗，意義上更上一層樓。

2.少去**黑體字**部份，〈閒敲棋子〉是一篇清新小品，書寫自我生活裡，一個樸實自然卻情味無限的剖面。多了**黑體字**部份的文字，就多了人與自然之間本文整體性循環與穩定性和諧的深沉思索；並且對人類錯待大自然的愚昧舉止，提出委婉的提醒。於清新討喜的生活瑣事之外，附加了由瑣事深度挖掘出的知性層面，表達對人類與大自然關係的了解與關懷。

答二　血藤夾果頎長，短尾柯的小胖果渾圓，正好可以拿來當棋子，作者由此起筆命名。然而，棋局如迷，彼此消長、牽動；大自然亦如迷宮，所有生物於其中，自有供需和取用的平衡張力。而下棋時，狀似閒敲棋子，其實是在專注思考下一步的落點，以及存在著的無形危機，這篇的「閒敲棋子」，也正是對人與自然和諧共存問題的深度思考及危機關切。所以，作者賦予題目巧妙的雙關含意。

答一 1.起——①~④段：點出尾生有不為人知的寂寞。

承——⑤~⑦段：承上，寫出寂寞的原因。一因忌妒，二因人們並不了解也不尊重人的「差異性」。

轉——⑧段：體會尾生抱橋柱的真正原因。

合——⑨段：呼應「起」，表明自己瞭解尾生的寂寞，以「衣衫尚濕否」呼應起筆的橋下淹沒事件。

2.〈我在水中等你〉一詩，無法以「起、承、轉、合」分析結構。

答二 散文具因果性，邏輯性的；詩則是重意象。

答三

〈橋約〉	〈我在水中等你〉
而你，能為一名女子，讓自己在橋下站成一尊不移的雕石，遙遙的眼神永生展望固定的方向。	浮在河面上的兩隻眼睛，仍炯炯然／望向一條青石小徑。

你用抱橋的姿勢在擁愛在抱夢在無聲的實踐「你可以懷疑星星是火，你可以懷疑真理是謊言，但永遠不要懷疑我對你的愛。」	緊抱橋墩／我在千噚之下等你／水來我在水中等你／火來／我在灰燼中等你。

答四 長蒼苔及長牡蠣都意味時日已久，此兩句詩意指，經過無數日升月沈，歲月迢遞，我仍然在水中苦苦等待著你。

17 回

答一 回頭象徵戀戀不捨。

答二 此詩有三段，以層遞方式逐漸拉大格局。**首段**是對家人、弟子的愷悌眷愛；**次段**是對祖國衰微的如焚憂心，以及對時光如逝水不復的生命感傷；**末段**則是對自己創導奉行、影響中國深鉅、其實沒有幾人真切了解、而今已乏人實踐的仁道思想的蒼茫顧戀。聖人一再回頭依戀：家人、國家、生命、世人，由小愛而大愛、由小我至大我，生命責任逐漸擴大，層次極其分明。

答三 表面上，這句話是依「仁」字的字形巧妙發揮，然而，深層意義裡，「撐天上的那一橫地上的那一橫」，是竭盡自己心力的表現；「留個寬廣任人行走」則是照顧他人、愛人、予人方便。盡己心力是「忠」；愛人、為別人著想是「恕」，這句話，將仁愛思想的核心意義——忠恕，全然含括表露。

吾道一以貫之，「忠恕」而已。這是孔子終生奉行不渝的信念，然而，這份信念「還有哪個人」能做到？唯有「忠恕」才是人類最合理正確的出路，只可惜，愚蠢的人類巧取豪奪、利慾薰天，全世界都面臨價值混淆，認知歧怪的危機，於是，孔子的最後一次回頭，何其悲憫深沈，而無言蒼涼。

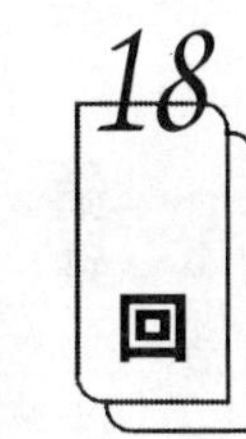

答一 本文以第三人稱敘事觀點書寫，而聚焦人物卻「定生」、「葉雲」依次輪番出現，是為本篇小說書寫形式的創新之處。

如果將小說中的「他」，改成「我」會有什麼差別？用「我」，是定生、葉雲自己在感知，在敘述，叫「第一人稱敘事觀點」。用「他」是有一個人（第三者）在感知在敘述定生、葉雲的故事，叫「第三人稱敘事觀點」。

答二 **媚俗**——廣播節目走政論叩應路線，專找辛辣對立的主題。

自我膨脹——還未當選就稱「委員」。

公然說謊——廣播節目中聲稱「學財經」、「家窮」、「妻子為能幹的有自己事業的女性。」、只是街頭運動好奇的旁觀者，卻以街頭運動健將的姿態出現。

腐化——追逐名利、不顧家、婚外情、功名在望，即拋棄髮妻，而遲遲不離婚的原因只因為妻子彷若家中廉價的台傭。

猜疑——懷疑妻子的日漸亮麗是原因為有男朋友。

（本題答案可適度開放，只要言之成理）

答三 定生愈走愈虛華不實，表面上風光亮麗，其實愈走愈陷名利的泥淖而迷失、沈淪了自我。

葉雲則愈走愈踏實、開闊，失去了一樁劣質婚姻宛如割去生命裡的毒瘤，不但逐漸強壯健全，更有一大片敞亮的天空，等待她的展翅飛翔。

實例篇

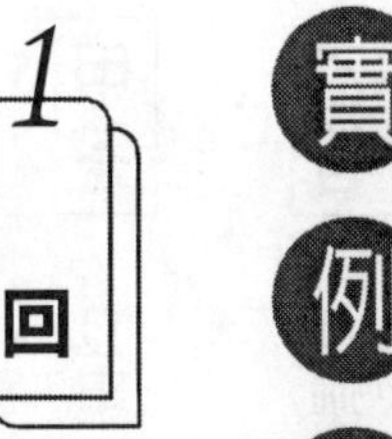

第1回

甲答

由文中織女之前擁有美麗、青春的自由，對照織女成為母親後的甘願淡泊及對過往生活偶而的嚮往，可推知文中「羽衣」所象徵的應是婚前沒有負擔的「自由」。

乙答

1.「鑰匙」：層層的自我保護，費力與外界區隔，也注定寂寞。

2.記事本：依賴人際網，以為愈多愈安全，其實是疏離的。

3.自砌的積木：由自己點滴造成，看似堅固，其實脆弱的內在。

第2回

甲答一

C描寫一己暗戀之情思

甲答二 C我多麼希望知道你的心裡怎麼想？年輕的心，是否擁有一樣的願望

甲答三 因為蛇具備靜默、無聲，令人驚悚的特質，充分呈現寂寞的無形、纏繞、冰涼、私密，詩中藉此表達暗戀的滋味，也深情地希望自己的暗戀不致使對方錯愕。

乙答一 對於司空見慣的事物，人們未必真正瞭解，甚至不認識它。

乙答二 輕車熟路固然不會迷途，但要有新的發現，就必須走出生活的慣性。

3回

甲答 D甲文表達出被囚時，因雨而思鄉之情。

乙答 D無法區別兩文所描寫霧氣的濃淡，均有對濃霧的著筆。

答一

1.如果說「人生是一部大書」，那末作者是代表生存在世上的某一個人，而書評家則代表觀察人生的哲學家。

2.作者與書評家的分別在於：前者是實際地體會人生，而後者則在旁觀察人生。

答二

作者對所謂書評家的作風並不欣賞，因為他們沒有細心體會和觀察人生，卻空發議論，並自詡負有領導讀者，教訓作者的大使命。

答三

作者將人生比喻成一部大書，又認為他那幾篇文章不過是一些有關人生的零星隨感，就好像隨時在書邊的空白上註幾個字一般，所以將他的書，定名為「寫在人生邊上」。

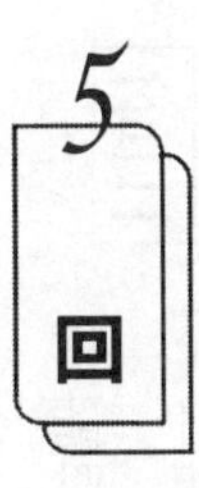

答一

1.自然之美和精神生活之美（或樸實、和諧的自然風光和田園生活）

2.厭棄奢侈、揮霍的所謂大都市生活，嚮往樸實、和諧，自然的鄉村生活。

答二 與作者所喜愛的鄉村的冬天之美對比，表明生活要順應大自然的安排，才會過得有生氣。

答三 1.畫龍點睛，昇華主旨。

2.大自然在冬天邀請我們到火爐邊去享受天倫之樂，而且正是在鄉村才能領略這個季節罕見的明朗的陽光。

答四 BD（A本文不是記敘散文。巴黎→鄉村；C巴黎人不能領略冬天鄉村之美）

6回

答一 1.作者「心滿意足」是因為：曇花有像恩師一樣的寡言性格，我（作者）能夠與之沉默交流。

2.作者「驚喜」是因為：曇花已垂首含苞。

答二 因為它迸發出生命的全部活力而無比燦爛，同時也因步入了生命的終點而轉瞬即逝。

答三 1.它才情志業極端隱秘，不屑在白日與紅塵爭艷，它的步伐和黑夜一致，它極端美麗，它的性格極其剛烈，它一夜盡情綻開無悔。

2.恩師高尚的品德將一代一代傳下去。

答一 人類的建設活動，雖然速度很快，但也在不斷地破壞著自然環境，這暗示了那樹最終的命運。

答二 那樹長久在這裡生長繁衍，至死也不願離開這塊土地。

答三 1.沒實現的：死復綠。

2.人類在進行建設時，忽視對自然環境的保護。

8回

答一 A周旋、對峙、對峙、較量

答二 深山夜雨時可怖的氛圍中蘊含的詩意

答三 （答案在原文中）：某種感人的震撼和深厚的詩意似乎注定要與艱難相伴隨。

答四 不矛盾。a句中「地震、海嘯、泥石流」代指人類暫時無法抗拒的自然災害；b句中的「危害、怒海、莽林」代指與人類對應的生命狀態。

答五 B不是一番寒徹骨，那得梅花撲鼻香
D浪花愈大，凝立的磐石在沈默的持守中，快樂也愈大。

9 回

答一 D小伙計

答二 C三十多歲

答三 D好喝懶做

答四 B食古不化

答五 C冷漠涼薄

答六 D科舉制度

答七 A善良

答八 D迂腐

答九 B嘮嘮叨叨

答十 C頹唐不安

10回

答一 C第三人稱全知觀點（指敘述者像全知全能的上帝一樣，對於小說中人物的思想言行無所不知，對於故事的來龍去脈無所不曉。胡菊人對第三人稱全知觀點的看法是：舉凡人物出場、背景交代、人物性格、內心獨白、場景變換、情節進行……全由作者一手包辦。）

答二 C善良認命

答三 B日據時期末期

答四 A七十歲

答五 B平淡節制

答六 D敷衍罔市，事母非出真心

答七 D畏畏縮縮

11回

甲答一 B獄卒也成為歲月的囚犯

甲答二 C睿智沈著

甲答三 C俯耳地面／一顆頭顱從沙包上走了下來／隱聞地球另一面有人在唱／自悼之輓歌

（洛夫〈沙包刑場〉）

乙答一 B西施

乙答二 A清明素淨的心境

12回

答一 作者豢鶴的心情在文中幾經轉折：一開始擁有鶴，認為鶴「涓潔」、「淡泊」的象徵及聯想，襯托了自己的「清高」、「風雅」，因而興高采烈；後來發現真相，自認虛榮受到欺騙，轉為懊喪、惱怒，末了知道鷺因曾受豢養而對人類友善、富於感情，卻也因此死於獵人之手，不禁感傷自責。

答二 作者對鶴象徵正直、清潔、疏放、淡泊……的理解是根據書本、圖畫及想像而來，又受到其父親過分稱譽隱逸名流的影響，一直有羨慕清高的心理，這就是作者豢鶴的根本理由，這個理由在作者發現真相後也就不存在了。然而，鷺鷥並未欺騙過作者，一切的誤解因作者主觀認定而起，鷺鷥何辜？作者也因而感到不平。

13 回

答一 開篇的環境描寫中，「古鎮」、「古井」、「古老的平屋」、「格局多年未變」，暗示著這裡的生活、人們的思想感情、思維方式極易成為一種陳舊的模式，一種難以改變的生活慣性，「普通的小雜院」、「普通人家」則暗示這樣的聚居地，這樣的人群具有普遍性。這正是小說主角鄭若奎、潘雪娥，促成其生活、形成其性格、驅使其行為的特定環境。小說中的環境描寫對推進情節、塑造人物、表現主題作了有力的烘托。

答二 對潘雪娥而言，鄭若奎的去世使她失卻了情感上的依傍，對小院中的人們而言，鄭若奎的去世，使他們對「鄭」、「潘」二人產生感情的盼望一下子落空了。

答三 縱觀全文，推動這篇小說情節發展的線索是小院人們對鄭、潘兩人的感情變化：開始，人們熱切盼望鄭、潘兩人能產生感情；接著，人們對兩人的缺乏溫情表示遺憾與同情；後來，人們對鄭若奎的突然去世，也對鄭、潘兩人永遠無法結合而悲痛，同時對兩人的行為表示敬意；之後，人們看到隔壁上的門，以為鄭、潘兩人暗中「私通」而倍感憤懣；最後，人們發現「門」是畫上去的，惋惜及錯愕之情，迴盪不已。

國家圖書館出版品預行編目資料

上課十五分鐘文學・現代文學篇 ／石德華・吳秀娟編撰, --初版 --臺北市：萬卷樓, 民 92

面；　　公分

ISBN 957－739－428－0 (平裝)

1.國文-教學法 2.中等教育-教學法

524.31　　　　91024666

上課十五分鐘文學・現代文學篇

編　　撰：石德華 吳秀娟

發 行 人：許素真

出 版 者：萬卷樓圖書股份有限公司

臺北市羅斯福路二段 41 號 6 樓之 3

電話(02)23216565・23952992

傳真(02)23944113

劃撥帳號 15624015

出版登記證：新聞局局版臺業字第 5655 號

網　　址：http://www.wanjuan.com.tw

E－mail　：wanjuan@tpts5.seed.net.tw

承印廠商：晟齊實業有限公司

定　　價：240 元

出版日期：2003 年 1 月初版

2005 年 9 月初版四刷

2006 年 11 月初版五刷

ISBN 957－739－428－0